示范性职业教育
"十四五"重点建设教材

焊工工艺与技能

主　编◎徐　彪
副主编◎师延财　邓碧刚　段　旭

西南交通大学出版社
·成　都·

图书在版编目（CIP）数据

焊工工艺与技能 / 徐彪主编. —成都：西南交通大学出版社，2021.2
ISBN 978-7-5643-7952-0

Ⅰ.①焊… Ⅱ.①徐… Ⅲ.①焊接工艺－职业教育－教材 Ⅳ.①TG44

中国版本图书馆 CIP 数据核字（2020）第 269638 号

Hangong Gongyi yu Jineng
焊工工艺与技能

主编　徐　彪

责任编辑	何明飞
助理编辑	赵永铭
封面设计	GT 工作室
出版发行	西南交通大学出版社 （四川省成都市金牛区二环路北一段 111 号 西南交通大学创新大厦 21 楼）
邮政编码	610031
发行部电话	028-87600564　028-87600533
网址	http://www.xnjdcbs.com
印刷	四川煤田地质制图印刷厂
成品尺寸	185 mm×260 mm
印张	11.75
字数	247 千
版次	2021 年 2 月第 1 版
印次	2021 年 2 月第 1 次
定价	35.00 元
书号	ISBN 978-7-5643-7952-0

课件咨询电话：028-81435775
图书如有印装质量问题　本社负责退换
版权所有　盗版必究　举报电话：028-87600562

前言 PREFACE

制造业是国民经济的基础,它决定着整个国家的工业生产水平,焊接技术在制造业中占有举足轻重的地位,是制造工业中的关键技术之一。

为了更好地适应我国焊接技术蓬勃发展的形势,满足学校培养焊接技能人才的需求,开发编写了本套焊接专业教材。

本次教材开发工作的重点主要有以下几个方面:

1. 突出专业特点,强调实践和理论并重。根据焊接专业实操技术复杂、理论知识含量较高的特点,我们在"实用为先、够用为度"的前提下,力求每一个必要的知识点都得到适当介绍,每一项必要的技能都得到充分练习,从而使两者内容安排达到良好的平衡。

2. 满足就业需求,以能力为本位。本书依据《国家职业技能标准——焊工》以及企业的实际需要编写。本书的具体内容也尽可能体现生产实际过程,对应着企业岗位的要求,为学生设置了真实的工作任务,从而提高学生的就业能力。

3. 体现职业教育改革方向，适应一体化教学特点。本书在适应教学实际条件的基础上，采用了一体化的编排方式，力求将认知基本概念和原理、选择工艺参数、培养具体操作技能、行业标准和要求、结果测评内容和测评标准等环节融合成为有机整体，以任务驱使的方式达到教学与掌握的目的。

编写教材有相当的难度，是一项探索性工作。由于时间仓促，书中不足之处在所难免，恳切希望各单位和个人对本书提出宝贵意见，以便修订时加以完善。

编 者

2020 年 10 月

目录 CONTENTS

项目一　焊工入门知识 …………………………………………… 001
　　任务1　认识焊接 …………………………………………… 003
　　任务2　焊接安全技术与劳动保护 ………………………… 008

项目二　焊条电弧焊 …………………………………………… 017
　　任务1　引弧堆焊 …………………………………………… 019
　　任务2　平　敷　焊 ………………………………………… 026
　　任务3　平对接焊 …………………………………………… 034
　　任务4　立对接焊 …………………………………………… 053
　　任务5　横对接焊 …………………………………………… 068
　　任务6　仰对接焊 …………………………………………… 080
　　任务7　对接管固定焊 ……………………………………… 088

项目三　气焊与气割 …………………………………………… 095
　　任务1　气焊 ………………………………………………… 097
　　任务2　气割 ………………………………………………… 106

项目四　埋弧焊 ………………………………………………… 115
　　任务1　埋弧焊的基本操作 ………………………………… 117
　　任务2　对接板埋弧焊 ……………………………………… 132

项目五　CO_2 气体保护焊 ········· 141

任务 1　CO_2 气体保护焊概述 ········· 143
任务 2　T 形接头 CO_2 气体保护焊 ········· 149
任务 3　中厚板 V 形坡口立对接板焊 ········· 157

项目六　手工钨极氩弧焊 ········· 163

任务 1　手工钨极氩弧焊概述 ········· 165
任务 2　手工钨极氩弧焊平焊 ········· 170
任务 3　水平固定管手工钨极氩弧焊 ········· 176

参考文献 ········· 181

项目一

焊工入门知识

- 任务 1　认识焊接
- 任务 2　焊接安全技术与劳动保护

任务 1 认识焊接

【技能点】
☆ 焊接电源的接法；
☆ 平敷焊练习。

【知识点】
☆ 明确焊接的定义及分类；
☆ 熟悉焊接的特点、应用及安全文明生产要求。

任务提出

焊接在现代工业生产中，尤其是在大型复杂机器的零部件制造中占据着十分重要的地位，相较于其他金属加工方法，焊接有着明显的优势。这是因为焊接可以用化大为小、化繁为简的方法准备坯料，然后用逐次装配焊接的方法拼小为大，从而实现大型复杂零件的加工。学习焊接的专业技能之前，有必要先了解焊接的相关知识。

相关知识

一、焊接的定义

在金属结构和机器的制造中，经常需要将两个或两个以上的零件连接在一起。连接方式有两种：一种是机械连接，可以拆卸，如螺栓连接、键连接等；另一种是永久性连接，不能拆卸，如铆接、焊接等，如图 1-1-1 所示。

过去金属构件的连接主要采用铆接工艺。今天，随着焊接技术的迅速发展及应用，焊接已成为金属构件连接的主要加工方法之一，取代了铆接。其根本原因是焊接比铆接具有显著的优越性，它有节省材料、减少结构质量、简化加工与装配工序、接头的致密性好、能承受高压、容易实现机械化和自动化生产、提高生产率和质量、改善劳动条件等系列特点。

焊接不仅可以连接金属材料，也可以实现某些非金属材料的永久性连接，如玻璃焊接、陶瓷焊接、塑料焊接等。工业生产中焊接主要用于金属连接。

焊接是通过加热或加压，或两者并用，用或不用填充材料，使焊件达到原子结合的一种加工工艺方法。

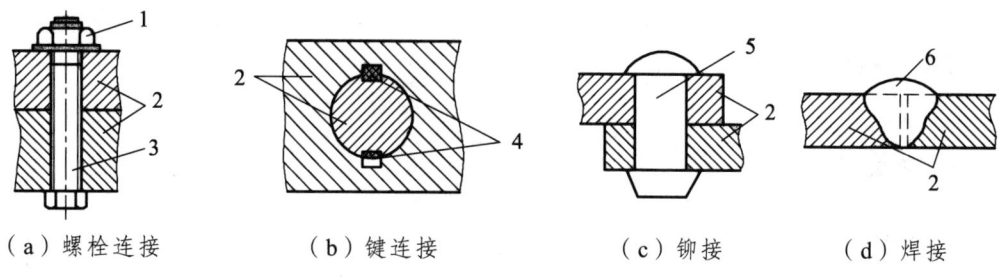

1—螺母；2—零件；3—螺栓；4—键；5—铆钉；6—焊缝。

图 1-1-1　零件连接方式

二、焊接的分类

按照焊接过程中金属所处的状态不同，可以把焊接方法分为熔焊、压焊和钎焊三类。

熔焊是在焊接过程中，将焊件接头加热至熔化状态，不加压力完成焊接的方法。当被焊金属加热至熔化状态形成液态熔池，并同时向熔池中加入（或不加入）填充金属时，金属原子之间便相互扩散和紧密接触，直至冷却凝固，即形成牢固的焊接接头。常见的手工电弧焊、气焊、埋弧焊、氩弧焊等都属于熔焊。

压焊是在焊接的同时对焊件施加压力（加热或不加热），以完成焊接的方法。在施加压力的同时，被焊金属接触处可以加热到熔化状态，如点焊和缝焊；也可以加热到塑性状态，如电阻对焊、锻焊和摩擦焊；也可以不加热，如冷压焊和爆炸焊等。

钎焊是采用比母材熔点低的钎料，将焊件和钎料加热到高于钎料且低于母材熔点的温度，利用液态钎料润湿母材，填充接头间隙并与母材相互扩散实现连接焊件的方法。常见的有烙铁钎焊、火焰钎焊等。

三、焊接的特点

与其他加工方式相比焊接具有以下特点：
（1）焊接的结构形式可实现多样化、复杂化。
（2）可以实现异种材料之间的连接。

（3）操作工序简单，容易进行。

（4）可节省金属材料。相同强度要求下，焊接工件的质量比铆接少 36%，比铸件少 30%。焊件的不足之处在于焊件容易产生焊接变形、残余应力和应力集中等缺陷。

四、焊接辅助工具及量具

焊接常用的辅助工具有敲渣锤、錾子、钢丝刷、锉刀、烘干箱和焊条保温筒等。

敲渣锤：两端制成尖铲形或扁铲形的清渣工具。

錾子：用于清除熔渣、飞溅物和焊瘤的工具。

钢丝刷：用于清除焊件表面铁锈、污物和熔渣的工具。

锉刀：用于修整焊件坡口钝边、毛刺和焊件根部接头的工具。

烘干箱：用于烘干焊条的专用设备，其温度可按需要调节。

焊条保温筒：焊工现场携带的保温容器，用于保持焊条的干燥度，可以随焊随取。

焊接时最常用的量具为焊缝万能量规，用以测量焊前焊件的坡口角度、装配间隙、错位及焊后焊缝的余高、焊缝宽度和角焊缝焊脚尺寸等，其使用方法如图 1-1-2 所示。

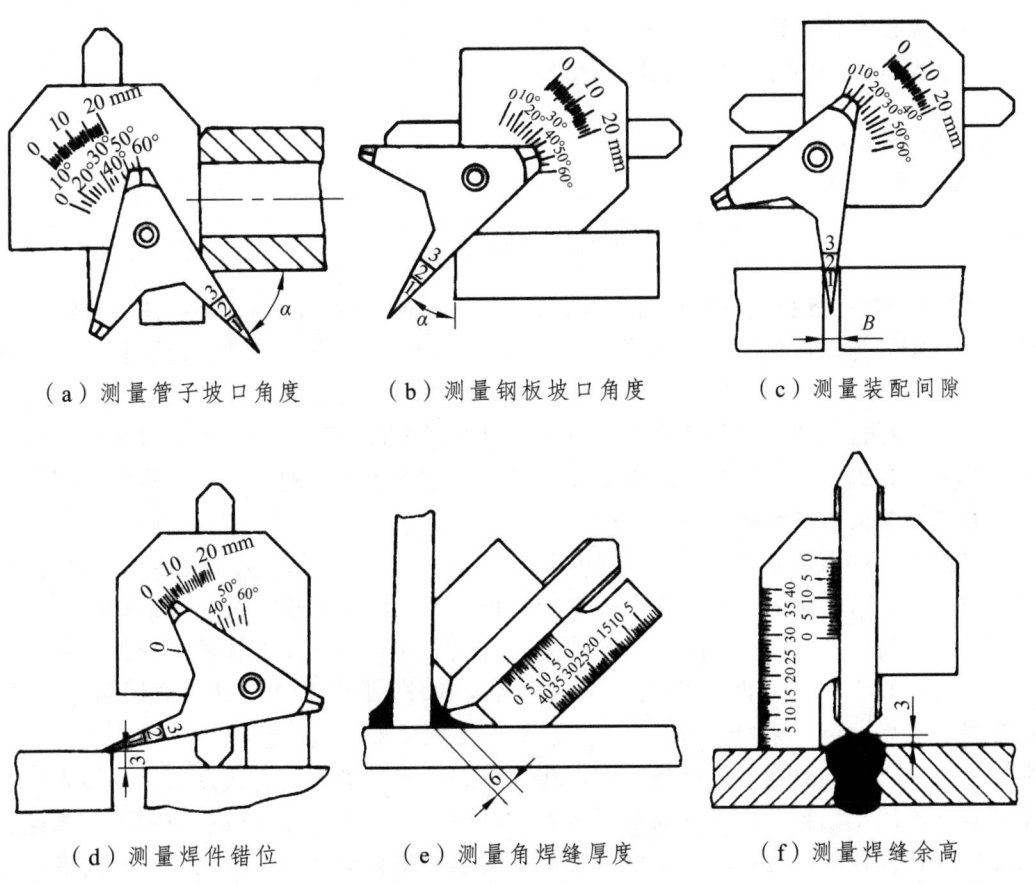

(a) 测量管子坡口角度　(b) 测量钢板坡口角度　(c) 测量装配间隙

(d) 测量焊件错位　(e) 测量角焊缝厚度　(f) 测量焊缝余高

图 1-1-2　焊缝万能量规的使用

任务实施

（1）在课堂上学习焊接相关的基础知识。
（2）观看动画或影片，了解焊接的一般过程。
（3）实物观摩和使用，学习辅助工具和量具的正确使用方法。

任务评价

在学习焊接基础知识和参观实习场后，进行相关知识的考试，成绩合格者方可进入后续的实训环节。

思考与练习

（1）焊接的定义是什么？
（2）按照焊接过程中金属所处状态不同，可将焊接分为哪几类？
（3）焊接有什么特点？
（4）焊接常用的辅助工具和量具有哪些？

知识拓展

焊接发展史

我国是世界上最早应用焊接技术的国家之一。远在战国时期，铜器的主体与耳、足就是利用钎焊来连接的。其后明代《天工开物》一书中有"凡铁性逐节粘合，涂上黄泥于接口之上，入火挥槌，泥滓成楂而去，取其神气为媒合，胶结之后，非灼红斧斩，永不可断也"的记载。这说明当时人们已懂得锻焊使用焊剂，可获得质量较高的焊接接头。我们的祖先为古老的焊接技术发展史留下了光辉的一页，显示出我国是一个具有悠久焊接历史的国家。

近代焊接技术是在电能成功地应用于工业生产之后出现的，从1882年发明电弧焊到现在已有一百余年的历史。在电弧焊的初期，不成熟的焊接工艺使焊接在生产中的应用受到限制，直到20世纪40年代才形成较为完整的焊接工艺体系，埋弧焊和电阻焊得到成功的应用。20世纪50年代的电渣焊、各种气体保护焊、超声波焊和60年代的等离子弧焊、电子束焊、微光焊等先进焊接方法不断涌现，使焊接技术达到一个新水平。近年来人们对能量束焊接、太阳能焊接、冷压焊等新的焊接方法也开始研究，尤其是在焊接工艺自动控制方面有了很大的发展。采用电子计算机控制和工业电视监视焊接过程，使焊接过程便于遥控，有助于实现焊接自动化。工业机器人的问世，使焊接工艺自动化达到了一个崭新的阶段。

我国大致在 20 世纪 20 年代，开始了电弧焊的应用。那时，只有极为少量的手弧焊和气焊，且多用于修补工作。今天，随着国民经济的迅速发展，焊接技术的应用已遍及我国的国防、造船、化工、石油、冶金、电力、建筑、桥梁、机车车辆、机械制造等各行各业。我国成功地焊接了 12 000 t 水压机、2.25×10^5 kW 水轮机、承压 150 个大气压的加氢反应器、直径 15.7 m 的球形容器、25 000 t 远洋货轮，以及原子反应堆、火箭、人造卫星等。各种新工艺如多丝埋弧焊、窄间隙气体保护全位置焊、水下 CO_2 半自动焊、全位置脉冲等离子弧焊、异种金属的摩擦焊和数字程序控制气割等，已在许多工厂中应用。大量的焊接生产自动线，如锅炉省煤器、过热器蛇形管摩擦焊、汽车车体电阻点焊和车轮气体保护焊等投入生产。此外，还设计制造了各种焊接设备，如 2×10^4 W/s 储能点焊机、汽车制造用的各种专用点焊机、窄间隙全位置等离子弧焊机、微束等离子弧焊机、15 kV 200 mA 真空电子束焊机、120 W/s 激光机等；生产了 160 多种焊条和多种焊丝、焊剂等焊接材料。在焊接理论研究方面，建立了焊接研究所和焊接设备研究所，在许多高、中等职业院校设置了焊接专业，为发展焊接科学技术和培养焊接技术人才创造了良好的氛围。

目前，随着科学技术的进步和工业的发展，一方面高强度钢等新材料不断开发和应用；另一方面焊接结构日趋复杂，焊接工作量越来越大，对焊接技术的要求越来越严格，对提高焊接生产率的要求日益迫切。我们必须加倍努力，刻苦钻研，不断攀登焊接技术高峰，为发展我国的焊接技术贡献力量。

任务 2　焊接安全技术与劳动保护

【技能点】
☆ 明确焊接中的安全隐患并加以防止；
☆ 熟练使用焊接相关的劳动保护用品。

【知识点】
☆ 焊接安全技术；
☆ 焊接劳动保护；
☆ 焊接生产中的安全管理。

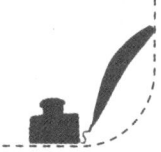

任务提出

焊接安全生产非常重要，因为焊工在焊接时要与电、可燃及易爆气体、易燃液体、压力容器等接触，在焊接过程中还会产生有害气体、烟尘、电弧光辐射、焊接热源（电弧、气体火焰）、高温、高频磁场、噪声和射线等，有时，甚至还要在高处、水下、容器内部等特殊环境中作业。如果焊工不熟悉有关劳动保护知识，不遵守安全操作规程，就可能引起触电、灼伤、火灾、爆炸、中毒、窒息等事故，这不仅会造成经济损失，而且直接危及焊工及其他工作人员的人身安全。

焊工是特种作业人员，国家对焊工的安全健康非常重视，为了保证焊工的安全生产，国务院颁布的《特种作业人员安全技术培训考核管理规定》（2015年修订）中第九条明确规定：特种作业人员应当接受与其所从事的特种作业相应的安全技术理论培训和实际操作培训。

只有坚持经常对焊工进行安全技术教育和培训，使其从思想上重视安全生产，了解安全生产的规章制度，熟悉并掌握安全生产的有关措施，才能有效地避免事故的发生。

> 相关知识

一、焊接安全技术

1. 预防触电

通过人体的电流大小，取决于线路电压和人体电阻。人体电阻除人体自身的电阻，还包括人所穿的衣服、鞋等的电阻，人体电阻般为 800~50 000 Ω。干燥的衣服、鞋及干燥的工作场地，能使人体电阻增大。通过人体的电流大小不同，对人体的伤害程度也不同。当通过人体的电流超过 0.05 A 时，生命就有危险；达到 0.1 A 时，足以致命。根据欧姆定律推算可知，40 V 的电压就足以对人身安全产生危害，而焊接工作场地所用的网路电压为 380 V 或 220 V，焊机的空载电压一般都在 60 V 以上。因此，焊工在工作时必须注意防止触电。

（1）焊工要熟悉和掌握有关电的基本知识，以及预防触电和触电后的急救方法等知识，严格遵守有关部门规定的安全措施，防止触电事故发生。

（2）遇到焊工触电时，切不可徒手去拉触电者，应先迅速将电源切断。如果切断电源后触电者呈昏迷状态，应立即对其施行抢救，直至送到医院。

（3）在光线昏暗的场地或容器内操作和夜间工作时，使用的工作照明灯的安全电压应不高于 36 V；高空作业或在特别潮湿的场所作业时，其安全电压不超过 12 V。

（4）焊工的工作服、手套、绝缘鞋应保持干燥。

（5）在潮湿的场地工作时，应选用干燥的木板或橡胶板等绝缘物做垫板。

（6）焊工在拉、合电源开关或接触带电物体时，必须单手进行。因为双手操作电源开关或接触带电物体时，如发生触电，会通过心脏形成回路，导致触电者迅速死亡。

2. 预防火灾和爆炸

在焊接作业时，由于电弧及气体火焰的温度很高，而且在焊接过程中有大量的金属火花飞溅物，稍有疏忽，就会引起火灾甚至爆炸。因此，焊工在工作时，为了防止火灾及爆炸事故的发生，必须采取下列安全措施：

（1）焊接前要认真检查工作场地周围是否有易燃易爆物品（如棉纱、油漆、汽油、煤油、木屑等），如有，应将这些物品移至距离焊接工作地 10 m 以外。

（2）在焊接作业时，应注意防止金属火花飞溅而引起火灾。

（3）严禁设备在带压时进行焊接或切割。带压设备一定要先卸压，并且焊接或切割之前必须打开所有孔盖。严禁焊工操作未卸压的设备，对常压而密闭的设备也不许进行焊接或切割。

（4）凡被化学物质或油脂污染的设备都应清洗后再进行焊接或切割。如果是易燃、易爆或者有毒的污染物，更应彻底清洗，经有关部门检查，并取得动火许可证后，才能进行焊接或切割。

（5）在进入容器内工作时，焊接或切割工具应随焊工同时进出，严禁将焊接或切割工具放在容器内而焊工擅自离去，以防混合气体燃烧或爆炸。

（6）用剩的焊条及焊件不能随便乱扔，要妥善管理，更不能扔在易燃、易爆物品的附近，以免发生火灾。

（7）离开施焊现场时，应先关闭气源、电源，并将火源熄灭。

3. 预防有害气体和烟尘中毒

在焊接作业时，焊工周围的空气常被一些有害气体及烟尘所污染，如氧化锰、氧化锌、臭氧、氟化物、一氧化碳和金属蒸气等。焊工长期呼吸这些烟尘和气体，对身体健康十分不利，甚至会导致肺尘埃沉着病（俗称尘肺）及锰中毒等，因此，应积极采取下列预防措施：

（1）焊接场地应有良好的通风。焊接区的良好通风是排出烟尘和有毒气体的有效措施，通风的方式有以下几种：

① 全面机械通风。在车间内安装数台轴流式风机向外排风，使车间内保持新鲜空气流通。

② 局部机械通风。在焊接工位安装小型通风设备，进行送风或排风。

③ 充分利用自然通风。正确调节车间的侧窗和天窗，加强自然通风。

（2）合理安排劳动布局，避免多名焊工拥挤在一处进行操作。

（3）尽量扩大自动焊、半自动焊设备的使用范围，提高机械化程度，以代替人工焊条电弧焊。

（4）加强自我防护工作，减少烟尘等对人体的侵害，穿戴静电防尘口罩等安全防护用品。

4. 预防弧光辐射

弧光辐射主要包括可见光、红外线和紫外线三种辐射。过强的可见光耀眼炫目；眼部受到红外线辐射，会感到强烈的灼痛，发生闪光幻觉；紫外线对眼睛和皮肤有较大的刺激性，能引起电光性眼炎。电光性眼炎的症状是眼睛疼痛、有沙粒感、多泪、畏光、怕风等，但电光性眼炎治愈后一般不会有任何后遗症。皮肤受到紫外线照射时，先是发痒、发红、触疼，然后会变黑、脱皮。如果工作时注意防护，以上伤害是不会发生的。因此，焊工应采取下列措施预防弧光辐射：

（1）焊工必须使用符合劳动保护要求的配有滤光镜片的电焊面罩。面罩应该轻便、形状合适、耐热、不导电、不导热、不漏光。

（2）焊工工作时，应穿白色帆布工作服，以防止弧光灼伤皮肤。

（3）操作引弧时，焊工应该注意周围工人的情况，以免强烈弧光伤害他人眼睛。

（4）在厂房内和人多的区域进行焊接时，尽可能地使用弧光防护屏，如图1-2-1所示，避免周围人受弧光辐射伤害。

(5)重力焊或装配定位焊时,要特别注意避免弧光辐射的伤害,佩戴防光眼镜。

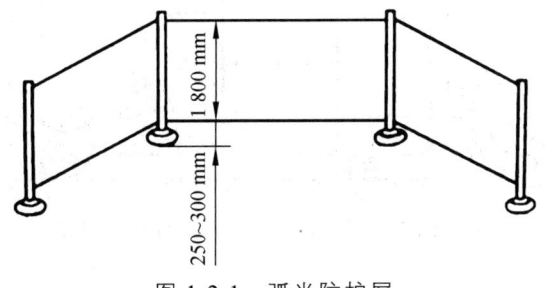

图 1-2-1　弧光防护屏

5. 特殊环境焊接

所谓特殊环境焊接,是指在一般工业企业正规厂房以外的地方,例如,在高空、野外、容器内部等特殊场所进行焊接。在这些地方焊接时,除遵守上面介绍的一般技术要求外,还要遵守一些特殊的规定。

(1)高处焊接作业。

焊工在距基准面 2 m 以上(含 2 m)、有可能坠落的高处进行焊接作业称为高处(登高)焊接作业。

① 患有高血压、心脏病等疾病的人员与酒后人员,不得进行高处焊接作业。

② 在高处焊接作业时,焊工应系安全带,地面应有人监护(或两人轮换作业)。

③ 在高处焊接作业时,登高工具(如脚手架等)要安全、牢固、可靠,焊接电缆线等应系紧在固定地方,不能缠绕在身上或搭在背上。不能用可燃物(如麻绳等)、焊接电缆线和气割用气管等材料固定脚手架。

④ 燃气瓶、氧气瓶、焊机等焊接设备、器具应尽量留在地面。

⑤ 雨天、雪天、雾天或刮大风(六级以上)时,禁止高处焊接作业。

(2)容器内焊接作业。

① 进入容器内部前,先要弄清容器内部的情况。

② 对该容器和外界联系的部位,都要进行隔离和切断,如电源和附带在设备上的水管、料管、蒸汽管、压力管等均要切断并挂牌。若容器内有污染物,应进行清洗并经检验确认无危险后,才能进入容器内部进行焊接。

③ 进入容器内部焊接要实行监护制,派专人进行监护。监护人不得离开工作现场,应与容器内部的工作人员经常联系,如图 1-2-2 所示。

④ 在容器内焊接作业时,内部空间不应过小,还应注意通风、排气工作。通风应用压缩空气,禁止使用氧气。

⑤ 在容器内部焊接作业时,要做好绝缘防护工作,最好垫上绝缘垫,以防止触电等事故发生。

图 1-2-2 容器内工作时采取的监护措施

（3）露天或野外作业。

① 夏季在露天或野外作业时，必须搭设防风雨棚或临时凉棚。

② 露天或野外作业时应注意风向，不要让吹散的铁液及焊渣伤人。

③ 雨天、雪天或雾天时，不准露天作业。

④ 夏季进行露天气焊、气割时，应防止氧气瓶、乙炔瓶直接受烈日暴晒，以免气体膨胀发生爆炸。冬季如遇瓶阀或减压器冻结时，应用热水或蒸汽解冻，严禁火烤或用铁锤敲打。

二、焊接劳动保护

所谓劳动保护，是指为保障职工在生产劳动过程中的安全和健康所采取的措施。如果在焊接过程中不注意安全生产和劳动保护，就有可能引起爆炸、火灾、灼伤、触电、中毒等事故，甚至可能使焊工患上尘肺、电光性眼炎、慢性中毒等职业病。因此，在焊接生产过程中，必须重视焊接劳动保护，焊接劳动保护应贯穿于整个焊接过程中。加强焊接劳动保护的措施很多，主要应从两方面来控制：一方面，从研究和采用安全卫生性能好的焊接技术及提高焊接作业的机械化、自动化程度方面着手；另一方面，应加强焊工的个人防护。

1. 采用安全卫生性能好的焊接技术及提高焊接作业的自动化程度

要不断改进、更新焊接技术、焊接工艺，研制低毒、低尘的焊接材料。采取适当的工艺措施减少和消除可能引起事故和职业危害的因素，提高焊接作业机械化、自动化程度，全面改善安全生产条件。

为减少焊接粉尘及有害气体的危害，主要应从以下几方面着手：

（1）选择低尘、低毒的焊接材料，如低氢型焊条。内萤石和水玻璃是强烈的发尘有毒物质，因此应尽量避免，而选用低尘、低毒的低氢型焊条，如 E5016（J506）焊条。

（2）选择合理的焊接参数，通常大规范所产生的粉尘和有害气体较多，而小规范产生的较少。

（3）提高焊接的自动化、机械化程度，减少直接的人工操作。

（4）加强通风排气，及时把有害物质和污染空气排出。

2. 加强焊工的个人防护

在焊接过程中加强焊工的个人防护是加强焊接劳动保护的主要措施。焊工的个人防护主要有使用个人防护用品和搞好卫生保健工作等方面。

（1）使用个人防护用品。

焊接作业的防护用品种类较多，有防护面罩、头盔、防护眼镜、安全帽、防噪声耳塞、耳罩、工作服、手套、绝缘鞋、安全带、防尘口罩、防毒面罩等。在焊接生产过程中，必须根据具体焊接要求正确选用。

（2）搞好卫生保健工作。

焊工应接受从业前的体检和每两年的定期体检。应设有焊接作业人员的更衣室和休息室，作业后要及时洗手、洗脸，并经常清洗工作服及手套等。

（3）健全安全操作规程和制度。

（4）针对焊接工种特殊性的其他措施。

焊接生产中最易使工人受到伤害的是生产过程中产生的粉尘和有害气体。焊接电弧的高温使金属剧烈蒸发，焊材和母材在焊接时也会产生各种金属有害气体和烟雾，它们在空气中冷凝并氧化为粉尘；电弧产生的辐射作用于空气中的氧和氮，将产生臭氧和氮的氧化物等有害气体。

任务实施

（1）在课堂上学习焊接安全技术与劳动保护的相关知识。

（2）观看动画或影片，了解焊接的一般过程，并从焊接过程中去观察相关的焊接安全技术及焊工的劳动保护。

任务评价

在学习焊接安全技术与劳动保护后，进行相关焊接安全知识的考试，成绩合格者方可进入后续的实训环节。

思考与练习

（1）焊工焊接时应该怎样防止触电事故发生？

（2）焊接过程中，应如何防止电焊弧光辐射的伤害？

（3）什么是高处焊接作业？应该注意哪些安全事项？

（4）焊接时，如何防止火灾及爆炸事故的发生？

> 知识拓展

焊接生产中的安全管理

安全事故的发生与安全技术措施不完善或安全管理制度不健全有关。安全技术措施和安全管理制度应当是相互联系、相互配合的,它们是做好焊接安全工作的两个方面,缺一不可。实践证明,即使有完善的安全技术措施,由于安全管理水平低,导致工作场地混乱、没有安全生产的规章制度或违章操作、缺乏必要的安全防护用品和器材,以及设备中的安全装置维修不当而失灵等,工伤事故还是可能发生。安全管理应从以下四个方面进行。

1. 开展焊工安全教育

安全教育是焊接安全管理工作中的一项重要内容,它的意义是使广大焊工提高安全意识,掌握安全技术和安全知识,提高安全操作技术水平,避免安全事故的发生。

焊工入职时,要接受厂、车间和生产小组的三级安全教育。同时,安全教育要坚持经常化和宣传多样化,如焊工安全培训班、报告会、图片展览、设置安全标志、进行广播等多种形式都是行之有效的方法。焊工必须经过安全技术培训,并经考试合格后才允许上岗独立操作。

2. 建立焊接安全责任制

安全责任制是把安全工作与工厂中各级领导的职责联系起来的制度。通过建立焊接安全责任制,明确工厂中各级领导、职能部门和有关工程技术人员等在焊接安全工作中应负的责任。

工程技术人员对焊接安全也负有责任。因为对于焊接作业安全的问题,也需要仔细分析生产过程和焊接工艺、设备、工具及操作中的不安全因素,所以从某种意义上讲,焊接安全问题也是生产技术问题。工程技术人员在进行产品设计、焊接方法选择、确定施工方案、焊接工艺规程制定、工装夹具选用和设计时,必须同时考虑安全技术要求,并应有相应的安全措施。企业各级领导、职能部门和工程技术人员,必须保证与焊接有关的劳动保护法规中所规定的安全技术标准和要求得到认真的贯彻执行。

3. 遵守焊接安全操作规程

焊接安全操作规程是人们在长期的焊接生产实践中,克服各种不安全因素和消除工伤事故的科学经验的总结。经分析表明,焊接设备和工具管理不善以及操作者失误是产生事故的主要原因,因此操作规程中规定了正确的操作步骤和操作方法。建立和执行必要的安全操作规程是保障焊工安全和促进安全生产的有力措施。

安全操作规程应针对不同的焊接操作和工艺特点而制定，例如气焊与气割安全操作规程、焊条电弧焊安全操作规程、气体保护焊安全操作规程、水下焊接与气割安全操作规程、压力容器焊接安全操作规程等。

4. 合理安排焊接工作场地

焊接工作场地的组织是指将工作场地划分为不同的区域，并将不同物品分开摆放，同时保持工作场地与外界的通道畅通。施焊区的面积不应小于 4 m^2，地面应基本干燥，焊机、工具和材料等应整齐摆放在各自的区域内，气管、电缆等不得相互缠绕。工作地点应有良好的自然光线或局部照明，须保持工作面照度达 50~100 lx。

在焊割操作点周围直径 10 m 的范围内严禁堆放各类易燃易爆物品，诸如木材、油脂、棉丝、保温材料和化工原料等。如不能清除时，应采取可靠的安全措施后方能开始进行焊割作业。

室内作业时，应通风良好，不可使易燃易爆气体滞留。

室外作业时，操作现场的地面与高处作业、与起重设备的吊运工作之间，应密切配合，避免高空落物。在地沟、坑道、检查井、管道或半封闭空间作业时，应先用仪器检查其中有无爆炸、中毒的危险。施焊现场附近敞开的孔洞、地沟等，应用石棉板盖严，防止焊接时火花溅入。

总之，为了杜绝和减少焊接作业中事故和职业伤害的发生，必须科学、认真地做好焊接劳动保护工作，加强焊接作业安全技术和生产管理，使焊接作业人员可以在一个安全、卫生、舒适的环境中工作。

项目二

焊条电弧焊

- 任务 1　引弧堆焊
- 任务 2　平　敷　焊
- 任务 3　平对接焊
- 任务 4　立对接焊
- 任务 5　横对接焊
- 任务 6　仰对接焊
- 任务 7　对接管固定焊

任务 1　引弧堆焊

【技能点】

☆ 焊条电弧焊的引弧操作技能；
☆ 焊条电弧焊的堆焊的操作技能。

【知识点】

☆ 焊接电弧的概念；
☆ 焊接电弧的构造和静特性；
☆ 电弧焊的熔滴过渡。

任务提出

手工电弧焊（简称手弧焊）是利用手工操纵焊条进行焊接的电弧焊方法。操作时，焊条和焊件分别作为两个电极，利用焊条与焊件之间产生的电弧热量来熔化焊件金属，冷却后形成焊缝。

引弧堆焊是手工电弧焊最基础的操作方法，其中包括操作姿势、引弧控制等基本操作内容。现有材质为 Q235，规格为 180 mm×100 mm×10 mm 的焊件，如图 2-1-1 所示。焊接材料、焊接设备及工具、工艺参数均已准备好，要求运用正确的焊接操作方法对其进行焊接。

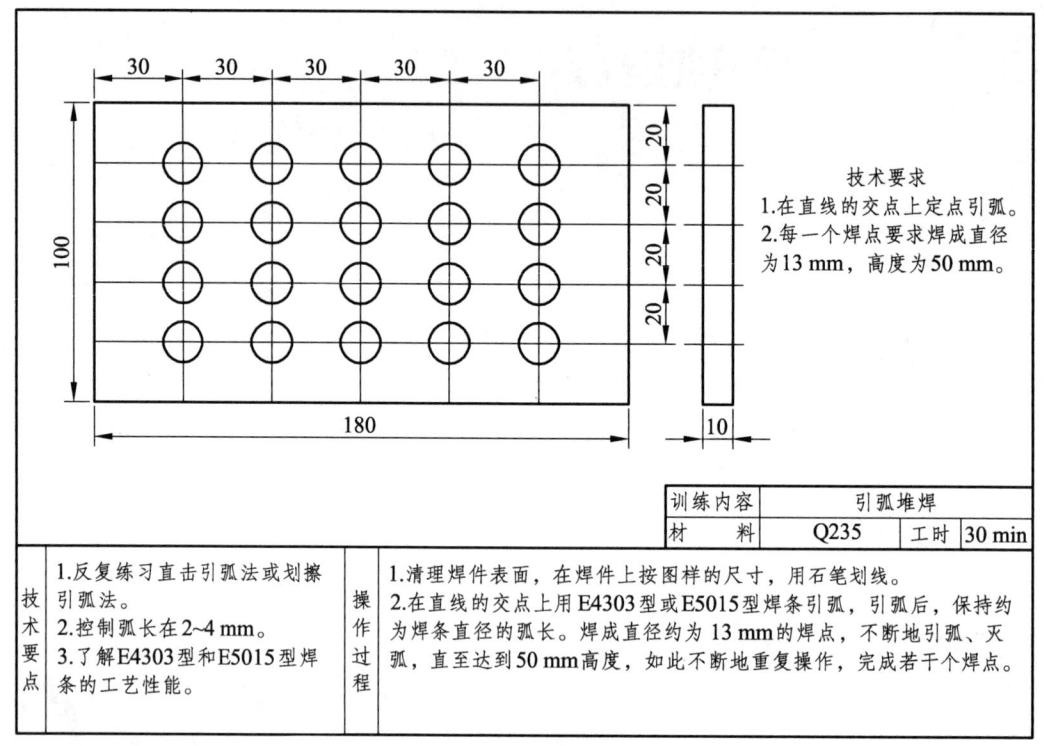

图 2-1-1　引弧堆焊焊件

任务分析

引弧堆焊是焊条电弧焊最基础的训练，也是初学者必不可少的练习内容，在理论知识上要熟悉了解其相应知识；在焊接时要注意对熔池的观察，熔池的亮度反应熔池的温度，熔池的大小反应熔池的宽度，注意对熔渣和熔化金属的分辨；正确使用焊接设备，掌握焊接电流调节；操作时必须按要求做好防护。

相关知识

一、焊接电弧的概念

焊接时，将焊条与焊件接触后很快拉开，在焊条端部和焊件之间立即会产生明亮的电弧（见图 2-1-2）。电弧是一种气体放电现象。

我们将由焊接电源供给的具有一定电压的两电极间或电极与焊件间的气体介质中，产生强烈而持久的放电现象，称为焊接电弧。

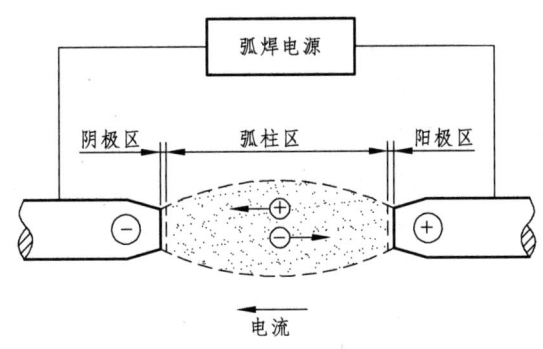

图 2-1-2 焊接电弧

1. 气体电离

气体原子和自然界的一切物质一样，其中电子是按一定的轨道环绕原子核运动。使中性的气体分子或原子释放电子形成正离子的过程称为气体电离。使气体电离所需要的能量称为电离电位（或电离功）。

在焊接时，使气体介质电离的方式主要有热电离、电场作用下的电离、光电离。

（1）热电离是气体粒子受热的作用而产生的电离。温度越高，热电离作用越大。

（2）电场作用下的电离是带电粒子在电场的作用下，各做定向高速运动，产生较大的动能，并不断与中性粒子相碰撞时，不断地产生的电离。两电极间的电压越高，电场作用越大，则电离作用越强烈。

（3）光电离是中性粒子在光辐射的作用下产生的电离。

2. 阴极电子发射

阴极的金属表面连续地向外发射出电子的现象，称为阴极电子发射。阴极电子发射也和气体电离一样，是电弧产生和维持的重要条件。

焊接时，根据阴极吸收能量的方式不同，所产生的电子发射有以下几类：热发射、电场发射和撞击发射等。

二、焊接电弧的构造及静特性

1. 焊接电弧的构造

焊接电弧的构造可分为三个区域：阴极区、阳极区、弧柱区（见图 2-1-2）。

（1）阴极区。为保证电弧稳定燃烧，阴极区的任务是向弧柱区提供电子流和接受弧柱区送来的正离子流。在焊接时，阴极表面存在一个烁亮的辉点，称为阴极斑点。阴极斑点是电子发射源，温度最高的部分，一般达 2 130～3 230 ℃，放出的热量占焊接总热量的 36% 左右。

（2）阳极区。阳极区的任务是接受弧柱区流过来的电子流和向弧柱区提供正离子流。在阳极表面上的光亮辉点称为阳极斑点。阳极区的温度一般达 2 330～3 980 ℃，放出的热量占焊接总热量的 43%左右。

（3）弧柱区。弧柱是处于阴极区与阳极区之间的区域，焊接电流越大，弧柱中电离程度就越大，弧柱温度也就越高。弧柱区的中心温度可达 5 730～7 730 ℃，放出的热量占焊接总热量的 21%左右。

（4）电弧电压。通常测出的电弧电压就是阴极区、阳极区和弧柱区电压降之和。

2. 电弧的静特性

在电极材料、气体介质和弧长一定的情况下，电弧稳定燃烧时，焊接电流与电弧电压变化的关系称为电弧静特性。表示这种关系的曲线，就称为电弧静特性曲线。

整个静特性曲线可分为下降段、水平段和上升段三部分。

下降段：在小电流区间，因为电弧电流较小，弧柱的电流密度基本不变，弧柱断面将随电流的增加而增加，若电流增加 4 倍，弧柱断面也增加 4 倍，而弧柱周长只增加 2 倍，使电弧向周围空间散失热量只增加 2 倍。减少了散热，提高了电弧温度和电离程度，因电流密度不变，必然使电弧电场强度下降。因此，在此区段内，随着电弧电流的增加，电弧电压下降。

水平段：当电流稍大时，焊丝金属将产生金属蒸汽的发射，要消耗电弧的能量。此时电弧的能量不仅有周边上的散热损失，而且还有金属蒸汽能量的消耗。这些能量消耗将随电流的增加而增加，因此在某一电流区间可以保持电场强度不变，即电弧电压不变，使本区段基本呈水平直线。

上升段：当电流进一步增大，金属蒸汽的发射作用进一步加强。同时因电磁收缩力的作用，电弧断面不能随电流的增加成比例的增加，电弧的电导率将减小，要保证一定的电流则要求较大的电场强度。所以在大电流区间，随着电流的增加，电弧电压升高，本区段呈上升曲线。

钨极氩弧焊时，在小电流区间电弧静特性为下降段；焊条电弧焊、埋弧焊和大电流钨极氩弧焊时，因电流密度不太大，电弧静特性为水平段；CO_2 气体保护焊、熔化极氩弧焊，因电流密度较大，电弧静特性为上升段。

电弧静特性曲线的形状，决定了它对焊接电源的要求。

三、电弧焊的熔滴过渡

电弧焊时，焊条（或焊丝）端部在电弧高温作用下熔化成的液态金属滴，通过电弧空间不断地向熔池中过渡的过程称之为熔滴过渡。熔滴过渡对焊接过程的稳定性、焊缝成形、飞溅及焊接接头的质量有很大的影响。

1. 熔滴过渡的作用力

熔滴过渡会出现不同的形式，这是由于作用于液态金属熔滴上的作用力不同的缘故。

（1）熔滴的重力。任何物体都会因自身的重力而下垂。平焊时，金属熔滴的重力促进熔滴过渡。但是立焊和仰焊时，熔滴的重力阻碍了熔滴向熔池过渡。

（2）表面张力。液态金属像其他液体一样具有表面张力，表面张力会使熔化金属聚成球状。表面张力对平焊时的熔滴过渡起阻碍作用，但在仰焊等其他位置焊接时，表面张力却有利于熔滴过渡。

（3）电磁压缩力。根据电磁效应原理，焊丝及熔滴上受有四周向中心的电磁压缩力。焊接时，电磁力还会产生一个沿焊条纵向指向焊件的电场力。该电场力无论焊缝的空间位置如何，总是有利于溶滴向熔池过渡。

（4）斑点压力。焊接电弧中的电子和正离子，在电场的作用下向两极运动，撞击两极的斑点而产生机械压力，这个力称为斑点压力。它是阻碍熔滴过渡的力。

（5）气体的吹力。在手弧焊时，不论焊缝空间位置如何，气体的吹力均有利于熔滴的过渡。

2. 熔滴过渡的形式

熔滴过渡的形式大致可分为三种：滴状过渡、短路过渡、喷射过渡。常用的过渡形式主要是短路过渡和喷射过渡。

（1）滴状过渡。滴状过渡分为粗滴过渡和细滴过渡。粗滴过渡是熔滴呈粗大颗粒状向熔池自由过渡的形式。当电流较小时，呈粗滴过渡。当电流较大时，过渡形式为细滴过渡。使用酸性焊条时多为细滴过渡。

（2）短路过渡。由于强烈过热和磁收缩的作用使焊条或焊丝端部的熔滴爆断，直接向熔池过渡的形式。碱性焊条手弧焊时，在大电流范围内，可呈滴状过渡和短路过渡。

（3）喷射过渡。熔滴呈细小颗粒，并以喷射状态快速通过电弧空间向熔池过渡的形式。产生喷射过渡除要求一定的电流密度外，还必须有一定的电弧长度（电弧电压）。如果弧长太短（电弧电压太低），无论电流数值有多大，也不可能产生喷射过渡。

喷射过渡的特点是：过渡频率高，熔滴以极细的颗粒沿电弧轴线高速射向熔池，发出"呲呲"声。喷射过渡具有电弧稳定、飞溅小、焊缝成型美观等优点。

任务实施

一、操作要领

1. 平焊操作姿势

平焊时，一般采用蹲式操作。蹲姿要自然，两脚夹角为70°~85°，两脚距离240~

260 mm。持焊钳的胳膊半伸开，要悬空无依托地操作（见图2-1-3）。

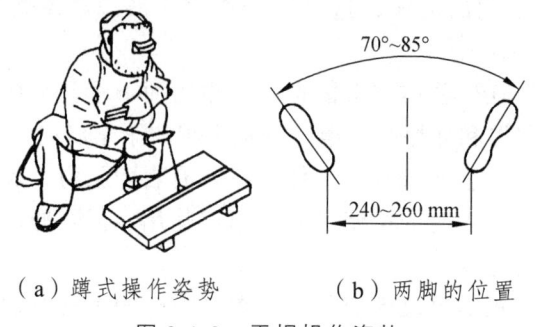

（a）蹲式操作姿势　　（b）两脚的位置

图 2-1-3　平焊操作姿势

2. 引弧方法

（1）划擦引弧法。先将焊条末端对准焊件，然后像划火柴似的使焊条在焊件表面划擦一下，提起2~3 mm的高度引燃电弧。引燃电弧后，应保持电弧长度不超过所用焊条直径。

（2）直击引弧法。先将焊条垂直对准焊件，然后使焊条碰击焊件，出现弧光后迅速将焊条提起2~3 mm，产生电弧后使电弧稳定燃烧（见图2-1-4）。

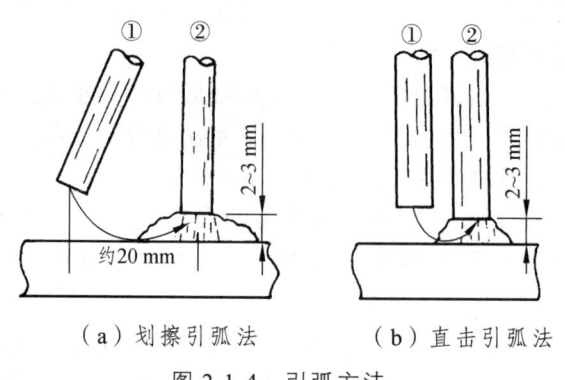

（a）划擦引弧法　　（b）直击引弧法

图 2-1-4　引弧方法

3. 技能训练

（1）引弧堆焊首先在焊件的引弧位置用粉笔画直径13 mm的一个圆，然后用直击引弧法在圆圈内撞击引弧。引弧后，保持适当电弧长度，在圆圈内作划圈动作2~3次后灭弧。待熔化的金属凝固冷却之后，再在其上面引弧堆焊，这样反复操作直到堆起高度约为5 mm为止。

（2）定点引弧先在焊件上按图2-1-1所示用粉笔画线，然后在直线的交点处用划擦引弧法引弧。引弧后，焊成直径13 mm的焊点后灭弧。这样不断重复操作完成若干个焊点的引弧训练。

二、注意事项

（1）在引弧过程中，如果焊条与焊件黏在一起，通过晃动不能取下焊条时，应该立即将焊钳与焊条脱离，待焊条冷却后，焊条就很容易扳下来。

（2）引弧前，如果焊条端部有药皮套筒，可以用手（应戴手套）将套筒去除，这样引弧就较为快捷。

（3）练习引弧时，可以用 E4303 型和 E5015 型（焊条直径 3.2 mm 和 4.0 mm）两种焊条，并分别使用交流、直流弧焊机引弧。E4303 型焊条适用于交、直两用弧焊电源，而 E5015 型焊条只适用于直流弧焊电源。

任务评价

评分标准见表 2-1-1。

表 2-1-1　引弧堆焊的评分标准

序号	考核项目	考核内容及要求	配分	检测结果	
				自测	教师检测
1	定点引弧	引弧落点准确	15		
		不随意划伤焊件表面	10		
		电弧长短适宜	15		
2	引弧堆焊	堆焊落点准确	15		
		电弧燃烧时间控制得当	10		
		电弧燃烧稳定	15		
		达到堆焊尺寸	20		
指导教师意见					

思考与练习

（1）焊接电弧由哪几部分组成？

（2）电弧电压与电弧长度的关系如何？

（3）手弧焊引弧有哪几种方法？

任务 2　平 敷 焊

【技能点】
☆ 引弧和稳弧的操作技能；
☆ 平敷焊操作技能。

【知识点】
☆ 焊接操作预备知识；
☆ 运条及运条方法。

任务提出

平敷焊是在平焊位置上堆敷焊道的一种操作方法，如图 2-2-1 所示，对材质为 Q235 的钢材，尺寸为 300 mm×210 mm×10 mm 板件，按照技术要求进行焊前准备，选择合适的焊接工艺参数，严格遵循操作过程要求完成焊接操作。

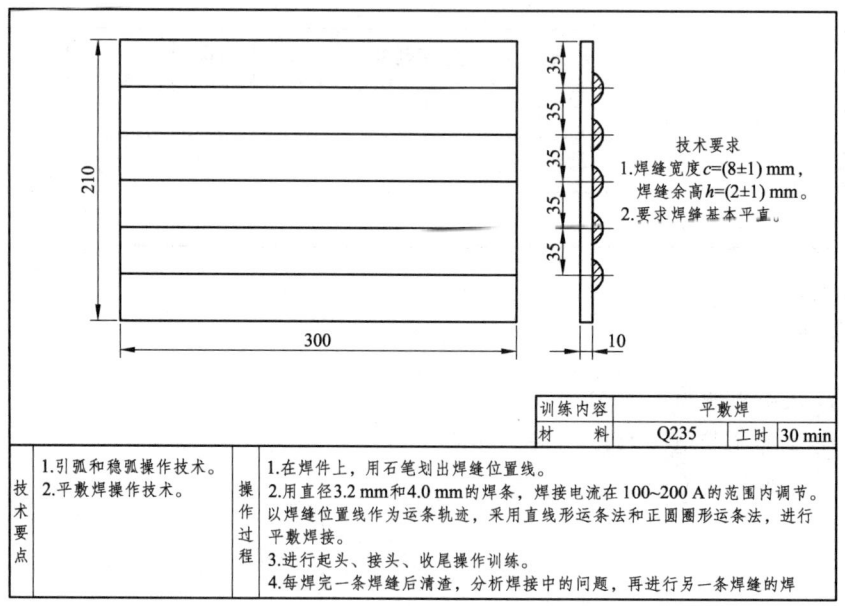

技术要求
1. 焊缝宽度 $c=(8\pm1)$ mm，焊缝余高 $h=(2\pm1)$ mm。
2. 要求焊缝基本平直。

训练内容	平敷焊		
材　　料	Q235	工时	30 min

| 技术要点 | 1.引弧和稳弧操作技术。
2.平敷焊操作技术。 | 操作过程 | 1.在焊件上，用石笔划出焊缝位置线。
2.用直径3.2 mm和4.0 mm的焊条，焊接电流在100~200 A的范围内调节。以焊缝位置线作为运条轨迹，采用直线形运条法和正圆圈形运条法，进行平敷焊接。
3.进行起头、接头、收尾操作训练。
4.每焊完一条焊缝后清渣，分析焊接中的问题，再进行另一条焊缝的焊 |

图 2-2-1　平敷焊件

任务分析

通过平敷焊训练掌握焊条电弧焊的基本操作要领。掌握平焊的直线运条方法，达到姿势正确，运条规范准确、自如熟练。体验焊接过程，认识熔池形状，分清熔池和熔渣。

相关知识

手弧焊操作预备知识

手弧焊在操作前应该对焊接设备、焊条、防护用品、辅助用具和量规等方面的知识有一个初步的了解，便于在以后技能训练中对其正确地选择和运用，为操作技能的提高打下基础。辅助用具和量规在项目一中已有介绍，这里不再赘述

1. 电弧焊机

常用的电弧焊机有弧焊变压器、弧焊整流器、弧焊发电机三种类型。

按照供应的电流性质，可分为交流弧焊机和直流弧焊机两大类。交流弧焊机是一种供电弧燃烧使用的降压变压器，亦称弧焊变压器。直流弧焊机根据所产生直流电的原理不同，又分为弧焊整流器和弧焊发电机。在生产中，如果采用酸性焊条（如 E4303 型），则选用弧焊变压器；如果采用碱性焊条（如 E5015 型），则选用弧焊整流器或弧焊发电机。由于弧焊发电机耗电量高、噪声大，所以逐渐被弧焊整流器所代替。

下面介绍几种常见的电弧焊机：

（1）BXI-330 型弧焊变压器。该焊机属于动铁心式，如图 2-2-2 所示。焊接电流的调节分粗调和细调两种。粗调是通过改变二次侧线圈的不同接法及匝数来实现。细调是通过改变动铁心的位置来实现，可借助电流表调试所需的焊接电流值。

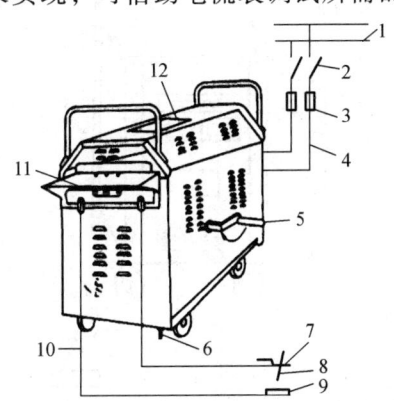

1—电源；2—开关；3—熔断器；4—电源电缆线；5—焊机摇把；
6—地线接头；7—焊钳；8—焊条；9—焊件；10—焊接电缆线；
11—粗调电流接线板；12—电流指示表。

图 2-2-2　BXI-330 型弧焊变压器

（2）BX3-300型弧焊变压器。该焊机属于动圈式，如图2-2-3所示。焊接电流也分粗调和细调两种，粗调是通过改变一、二次侧线圈的接线方式来实现。细调节是摇动焊机顶部的手柄，通过改变活动线圈与固定线圈之间的距离来实现。使用时，先根据所需要的焊接电流值进行粗调，然后再细调，达到所需的电流值。

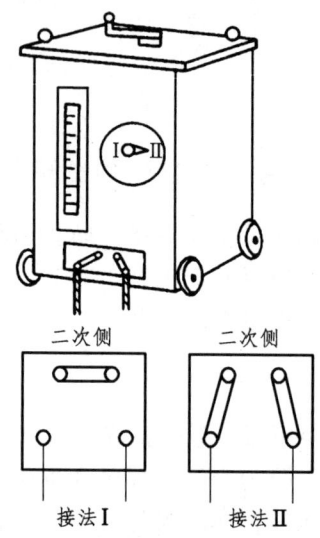

图2-2-3　BX3-300型弧焊变压器及电流的粗调节

（3）ZXG-300型弧焊整流器。该焊机属于磁放大式，如图2-2-4所示。焊机外形及外部接线焊接电流的调节方式只有一种，即转动焊机面板上的电流调节器，就可调节所需要的电流值。

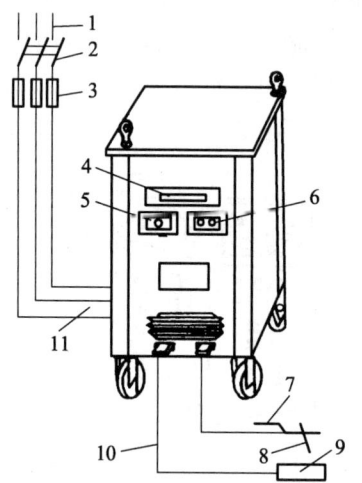

1—电源；2—开关；3—熔断器；4—电流指示表；5—电流调节器；
6—电源开关；7—焊钳；8—焊条；9—焊件；
10—焊接电缆线；11—电源电缆线。

图2-2-4　ZXG-300型弧焊整流器

2. 电焊条

（1）焊条的组成。焊条由钢焊芯和药皮组成。焊条端部有一段没有药皮的夹持端，焊钳夹住后可以导电。焊条末端的药皮磨成倒角，便于焊接时引弧。

① 焊芯。焊芯作为填充金属约占整个焊缝的 2/3 左右，是由专门的优质焊条钢，经轧制、拉拔而成。常用的焊条直径有 2.5 mm、3.2 mm、4.0 mm、5.0 mm 几种。焊芯越细，焊条长度越短。一般焊条长度为 250～450 mm。

② 药皮。药皮在焊接过程中可以起到稳定电弧、保护熔化金属、去除有害杂质和添加有益合金元素的作用。

（2）酸性焊条和碱性焊条。如果施工现场只有交流弧焊机，并且焊接的是一般金属结构，通常选用酸性焊条。这种焊条工艺性能好，对水、锈产生气孔敏感性不大，易于操作。

生产中应用较多的是 E4303 型钛钙型焊条。之所以叫酸性焊条是其焊条药皮中含有大量的酸性氧化物。当所焊接的是重要结构时，就应该选用碱性焊条。所谓的碱性焊条是其药皮中的成分以碱性氧化物为主的焊条。它的力学性能和抗裂性都较酸性焊条好，但工艺性能不如酸性焊条，表现在稳弧性差、脱渣较差、焊缝表面成形较差等。使用前要求对碱性焊条在 350～450 ℃ 烘干 3～4 h。常用的碱性焊条是 E5016 型和 E5015 型低氢型焊条。E5016 型焊条可用交流或直流电源，但 E5015 型焊条必须用直流反接（焊机接负极、焊钳接正极）电源进行焊接。

3. 防护用品

（1）焊钳是用来夹持焊条进行焊接的工具。

（2）面罩是焊工焊接时既可防止面部灼伤，又便于观察焊接状态的一种遮蔽工具，有手持式和头盔式两种。正面开有长方形孔，内嵌白色玻璃和滤光玻璃。白色玻璃由普通玻璃制成，用于保护滤光玻璃。滤光玻璃是特制的化学玻璃，在焊接时，有减弱电弧光、过滤红外线和紫外线的作用，颜色以墨绿色和橙色为多。按颜色的深浅不同，滤光玻璃分为 6 个型号，即 7～12 号，号数越大，色泽越深。手弧焊一般选用 7 号或 8 号为宜。

（3）焊接电缆是二次回路用来传导焊接电流的。焊接电缆要避免砸伤和烧伤，若有破损应及时修补完好。

（4）焊工手套、绝缘胶鞋、工作服和平光眼镜。焊工手套、绝缘胶鞋和工作服是防止弧光、火花灼伤和防止触电所必须穿戴的劳动保护用品。平光眼镜是清渣时防止熔渣损伤眼睛而戴的。

> 任务实施

一、操作要点

运条及运条方法；起头；焊道连接；收尾等。

二、焊前准备

（1）焊件：低碳钢板，长×宽×厚为 300 mm×200 mm×10 mm。
（2）焊条：E4303 型和 E5015 型，直径为 3.2 和 4.0 mm。

三、操作要领

1. 运 条

运条一般分三个基本运动：沿焊条中心线向熔池送进；沿焊接方向移动；横向摆动，见图 2-2-5。

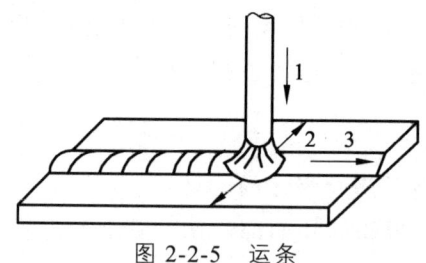

图 2-2-5 运条

焊条向熔池方向送进的目的是在焊条不断熔化的过程中保持弧长不变。焊条下送速度应与焊条的熔化速度相同。否则，会发生断弧或焊条与焊件黏结现象。焊条沿焊接方向移动，是为了控制焊道成形。随着焊条的不断熔化和向前移动，会逐渐形成条焊道。焊条向前移动速度过快或过慢会出现焊道较窄、未焊透或焊道过高、过宽，甚至出现烧穿等缺陷。焊条的横向摆动是为了得到一定宽度的焊道。其摆动幅度根据焊件厚度、坡口大小等因素决定。

上述的三个动作不能机械地分开，而应相互协调，才能焊出满意的焊缝。运条的关键是平稳、均匀。

2. 运条方法

在焊接生产实践中，根据不同的焊缝位置、焊件厚度、接头形式等因素，有许多运条手法。下面介绍几种常用的运条方法（见图 2-2-6）及适用范围。

（1）直线形运条法。焊接时，焊条不做横向摆动，仅沿焊接方向做直线移动[图 2-2-6

(a)]，常用于不开坡口的对接平焊、多层多道焊。

（2）直线往复运条法。焊接时，焊条沿焊缝的纵向做来回直线形摆动[见图 2-2-6（b）]，适乎薄板和接头间隙较大的焊缝。

（3）锯齿形运条法。焊接时，焊条做锯齿形连续摆动且向前移动，并在两边稍作停顿[图 2-2-6（c）]。这种方法在生产中应用较广，多用于厚板的焊接。

（4）月牙形运条法。焊接时，焊条沿焊接方向做月牙形的左右摆动[图 2-2-6（d）]。它的适用范围和锯齿形运条法基本相同，不过用它焊出来的焊缝余高较高。

（5）斜三角形运条法。焊接时，焊条做连续的三角形摆动并向前移动[图 2-2-6（e）]，适于焊接平、仰位置的角焊缝和有坡口的横焊缝，可借助焊条的摆动来控制熔化金属的下坠。

（6）正三角形运条法。运条方法基本上与斜三角形运条法相同[图 2-2-6（f）]，适于开坡口的对接接头和 T 形接头立焊，能一次焊出较厚的焊缝断面。

（7）正圆圈形运条法。如图 2-2-6（g）所示，只适用于焊接较厚焊件的平焊缝。

（8）斜圆圈形运条法。如图 2-2-6（h）所示，它的适用范围与斜三角形运条法相同。

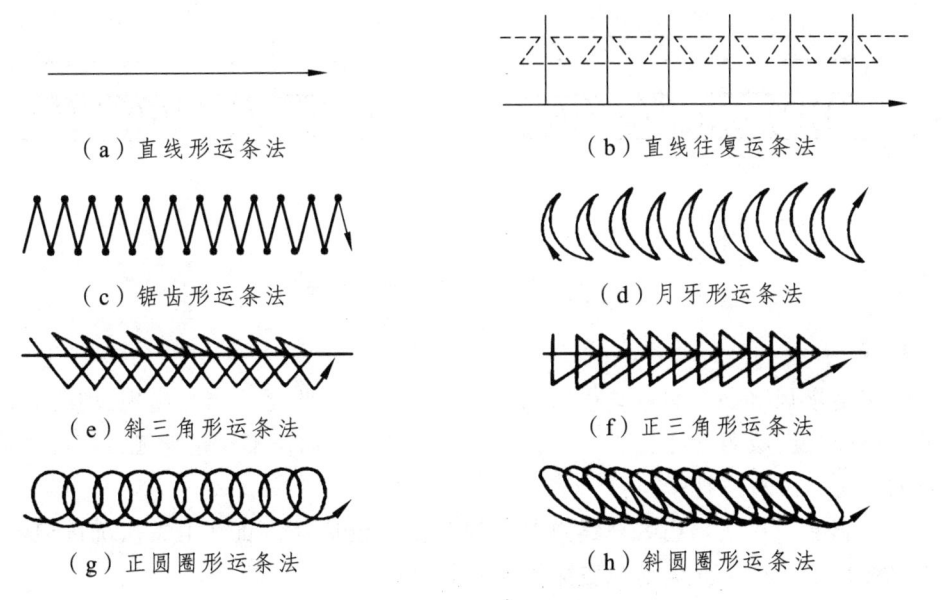

（a）直线形运条法　　　　（b）直线往复运条法

（c）锯齿形运条法　　　　（d）月牙形运条法

（e）斜三角形运条法　　　　（f）正三角形运条法

（g）正圆圈形运条法　　　　（h）斜圆圈形运条法

图 2-2-6　常用的运条方法

3. 起　头

刚开始焊接时，由于焊件的温度很低，引弧后又不能迅速地使焊件温度升高，所以起点部位焊道较窄，余高略高，甚至会出现熔合不良和夹渣的缺陷。

为了解决上述问题，可以在引弧后稍微拉长电弧，对始焊接处预热。从距离始焊点 10 mm 左右处引弧，回焊到始焊点（见图 2-2-7），逐渐压低电弧，同时焊条微微摆动，从而达到所需要的焊道宽度，然后进行正常的焊接。

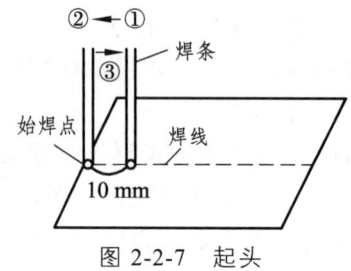

图 2-2-7　起头

4. 焊道的连接

一条完整的焊缝是由若干根焊条焊接而成的，每根焊条焊接的焊道应有完好的连接。连接方式一般有四种，分别如图 2-2-8（a）、（b）、（c）、（d）。

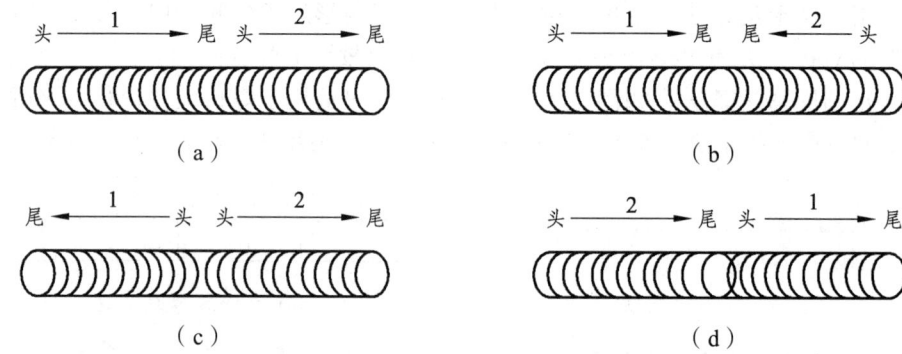

1—先焊的焊道；2—后焊的焊道。

图 2-2-8　焊道的连接方式

5. 收　尾

收尾是指焊接一条焊道结束时的熄弧操作。如果收尾不当会出现过深的弧坑，使焊道收尾处强度减弱，甚至产生弧坑裂纹，所以收尾动作不仅是熄弧，还应填满弧坑。常用的收尾方法有三种：

（1）画圈收尾法。当焊至终点时，焊条做圆圈运动，直到填满弧坑冉熄弧。此法适于厚板焊接，用于薄板则有烧穿焊件的危险。

（2）反复断弧收尾法。焊至终点，焊条在弧坑处作数次熄弧-引弧的反复动作，直到填满弧坑为止。此法适于薄板焊接。

（3）回焊收尾法。当焊至结尾处，不马上熄弧，而是按照来的方向，向回焊一小段（约 5 mm）的距离，待填满弧坑后，慢慢拉断电弧。碱性焊条常用此法。

任务评价

评分标准见表 2-2-1。

表 2-2-1　平敷焊的评分标准

考核项目	考核内容及要求	配分	考核标准	得分
焊接过程	电流选择得当	10	酌情扣分	
	运条方法得当	10	酌情扣分	
焊缝质量	焊缝宽度 $c=(8\pm1)$ mm	15	超差不得分	
	焊缝余高 $h=(3\pm1)$ mm	15	超差不得分	
焊缝成形	焊缝平直	10	酌情扣分	
	起头圆滑平整	10	酌情扣分	
	接头圆滑	10	酌情扣分	
	收尾无弧坑	10	酌情扣分	
安全文明生产	符合焊工安全文明生产规范	10	视违章情况扣分	
指导老师意见		总分		

思考与练习

（1）常用的运条方法有哪些？适用哪些场合？
（2）焊道的连接方式应用最多的是哪一种？叙述其接头的方法。
（3）常用的收尾动作有哪几种？简述其适用范围。

任务 3　平对接焊

【技能点】
☆ 掌握平对接焊的操作技能；
☆ 掌握单面焊双面成形的操作技能。

【知识点】
☆ 焊接接头形式和焊缝形式；
☆ 焊接方法的代号；
☆ 焊缝符号、标准方法；
☆ 焊接工艺参数；
☆ 电源极性。

任务提出

单面焊双面成形操作技术是采用普通焊条，以特殊的操作方法，在坡口的正面进行焊接，焊后保证坡口正反面都能得到双面成形焊缝的一种操作方法。

先完成一个阶段的 V 形坡口平对接技能训练课题，在此训练的基础上进行单面焊双面成形技能训练。本任务是 V 形坡口板对接平位单面焊双面成形训练，焊接训练如图 2-3-1 所示，严格按照技术要求完成焊接操作。

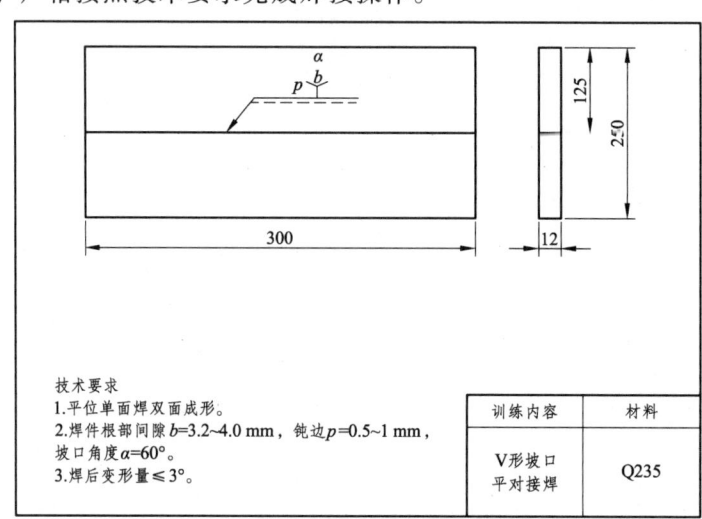

技术要求
1. 平位单面焊双面成形。
2. 焊件根部间隙 b=3.2~4.0 mm，钝边 p=0.5~1 mm，坡口角度 $α$=60°。
3. 焊后变形量 ≤3°。

训练内容	材料
V形坡口平对接焊	Q235

图 2-3-1　V 形坡口平对接焊焊件

> 任务分析

平对接焊是在平焊位置上焊接对接接头的一种操作方法。焊接时必须熟知相应焊接理论知识和焊接工艺、技术操作要领等。这是一项在压力管道和锅炉压力容器焊接中焊工必须掌握的焊接操作技术,也是焊工鉴定考试的一项内容,必须加以充分练习。

> 相关知识

一、焊接接头形式和焊缝形式

1. 焊接接头形式

用焊接方法连接的接头称为焊接接头(简称接头)。焊接接头包括焊缝、熔合区和热影响区。

由于焊件的结构形状、厚度及技术要求不同,其焊接接头的形式及坡口形式也不相同。焊接接头的焊接结构中还有一些特殊的接头形式,如十字接头、端接接头、卷边接头、套管接头、斜对接接头、锁底对接接头等。基本形式可分为对接接头、T形接头、角接接头、搭接接头四种。常用的坡口形式有I形坡口、V形坡口、X形坡口和U形坡口,如图2-3-2所示。

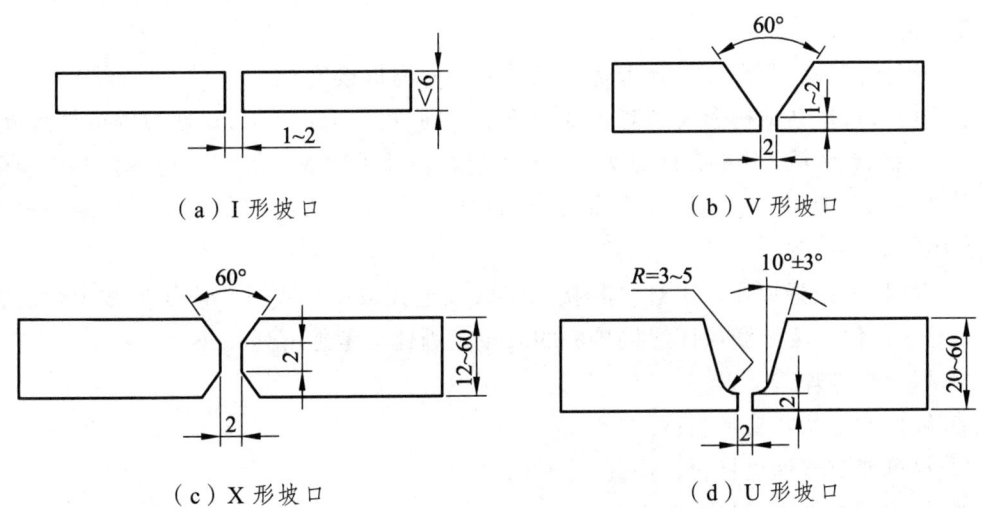

(a) I形坡口　　(b) V形坡口

(c) X形坡口　　(d) U形坡口

图2-3-2　坡口形式

(1) 对接接头。两焊件端面相对平行的接头称为对接接头。对接接头是各种焊接结构中采用最多的一种接头形式。

① I形坡口的对接接头。钢板厚度在6 mm以下的焊件,一般不开坡口,为使焊接时达到一定的熔透深度,留有1~2 mm的根部间隙。有的焊件在整个厚度上不要求

全部焊透,可进行单面焊接,但必须保证焊缝熔透深度不小于板厚的 7/10 倍。如果产品要求在整个厚度上全部焊透,就应该在焊缝背面用碳弧气刨清根后再焊,即形成不开坡口的双面焊接对接接头。

② 开坡口的对接接头。开坡口的主要目的是保证接头根部焊透,以便于清除熔渣,获得优质的焊接接头,而且坡口还可以调节焊缝的熔合比(即母材金属在焊缝中占的比例)。一般钢板厚度为 6~40 mm 时,采用 V 形坡口,这种坡口的特点是加工容易,但焊件容易产生角变形;钢板厚度为 12~60 mm 时,可采用 X 形坡口,这种坡口主要用于大厚度以及要求变形较小的结构中;钢板厚度为 20~60 mm 时,可采用 U 形坡口,其特点是焊敷金属量最少,焊缝的熔合比小,但加工较为困难,一般较少使用,只用于较重要的焊接结构。

(2)T 形接头。一焊件端面与另一焊件表面构成直角或近似直角的接头,称为 T 形接头。

T 形接头的使用范围仅次于对接接头,特别是造船厂的船体结构中,约 70% 的焊缝是这种接头形式。根据焊件厚度不同,T 形接头的垂直板可分为 I 形、单边 V 形、双单边 V 形及带钝边双 J 形坡口四种形式。

(3)角接接头。两焊件端面间构成大于 30°、小于 135° 夹角的接头,称为角接接头。

角接接头承载能力较差,一般用于不重要的结构中,根据焊件的厚度不同可分为 I 形坡、单边 V 形坡口、带钝边 V 形坡口及带钝边双单边 V 形坡口。开坡口的角接接头在一般结构中较少采用。

(4)搭接接头。两焊件部分重叠构成的接头称为搭接接头。

搭接接头根据其结构形式和对强度的要求不同,可分为 I 形坡口、塞焊缝或槽焊缝。I 形坡口的搭接接头,其重叠部分为 3~5 倍板厚,并采用双面焊接。这种接头的装配要求不高,承载能力低,只用在不重要的结构中。搭接接头特别适用于被焊结构狭小处或密闭的焊接结构。

(5)坡口的选择原则。上述各种接头形式在选择坡口形式时,应尽量减少焊缝金属的填充量,便于装配和保证焊接接头的质量,因此应考虑下列几条原则:

① 保证焊件焊透;
② 坡口的形状容易加工;
③ 尽可能节省焊接材料,提高生产率;
④ 焊接后焊件变形尽可能小。

2. 焊缝形式

焊缝是构成焊接接头的主体部分,焊缝按不同的分类方法可有以下几种划分:
(1)按焊缝在空间位置分类,有平焊缝、立焊缝、横焊缝及仰焊缝四种形式。
(2)按焊缝的结构形式分类,有对接焊缝、角焊缝及塞焊缝三种形式。

（3）按焊缝断续情况分类，有定位焊缝、连续焊缝及断续焊缝三种形式。

二、焊缝符号

在技术图样或文件上需要表示焊缝或接头时，推荐采用焊缝符号。必要时，也可采用一般的技术制图方法表示。焊缝符号应清晰表述所要说明的信息，不使图样增加更多的注解。完整的焊缝符号包括基本符号、指引线、补充符号、尺寸符号及数据等。为了简化，在图样上标注焊缝时通常只采用基本符号和指引线，其他内容一般在有关的文件中（如焊接工艺规程等）明确。

1. 基本符号

基本符号表示焊缝横截面的基本形式或特征，具体参见表2-3-1。

表2-3-1 基本符号

序号	名　称	示意图	符号
1	卷边焊缝（卷边完全熔化）		 儿
2	I形焊缝		 ‖
3	V形焊缝		 V
4	单边V形焊缝		V
5	带钝边V形焊缝		Y
6	带钝边单边V形焊缝		Y
7	带钝边U形焊缝		Y
8	带钝边J形焊缝		Y
9	封底焊缝		 ◠
10	角焊缝		 ◢

续表

序号	名　称	示意图	符号
11	塞焊缝或槽焊缝		⊓
12	点焊接		○
13	缝焊缝		⊖
14	陡边V形焊缝		\/
15	陡边单V形焊缝		V
16	端焊缝		|||
17	堆焊缝		⌒⌒
18	平面连接（钎焊）		=
19	斜面连接（钎焊）		∥
20	折叠连接（钎焊）		⊋

2. 基本符号的组合

标注双面焊焊缝或接头时,基本符号可以组合使用,如表2-3-2所示。

表2-3-2　基本符号的组合

序号	名　　称	示意图	符号
1	双面V形焊缝（X焊缝）		X
2	双面单V形焊缝（K焊缝）		K
3	带钝边的双面V形焊缝		X
4	带钝边的双面单V形焊缝		K
5	双面U形焊缝		X

3. 补充符号

补充符号用来补充说明有关焊缝或接头的某些特征（诸如表面形状衬垫、焊缝分布、施焊地点等）。补充符号参见表2-3-3。

表2-3-3　补充符号

序号	名　　称	符号	说　　明
1	平面	―	焊缝表面通常经过加工后平整
2	凹面	⌣	焊缝表面凹陷
3	凸面	⌢	焊缝表面凸起
4	圆滑过渡	⌣⌣	焊趾处过渡圆滑
5	永久衬垫	M	衬垫永久保留
6	临时衬垫	MR	衬垫在焊接完成后拆除
7	三面焊缝	⊏	三面带有焊缝
8	周围焊缝	○	沿着工件周边施焊的焊缝,标注位置为基准线与箭头线的交点处
9	现场焊缝	▸	在现场焊接的焊缝
10	尾部	<	可以表示所需的信息

4. 基本符号和指引线的位置规定

在焊缝符号中,基本符号和指引线为基本要素。焊缝的准确位置通常由基本符号和指引线之间的相对位置决定,具体位置包括:箭头线的位置、基准线的位置、基本符号的位置。

(1)指引线由箭头线和基准线(实线和虚线)组成,见图2-3-3。

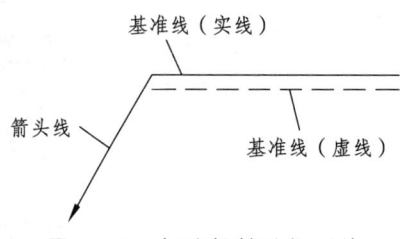

图 2-3-3 标注焊缝的指引线

(2)箭头直接指向的接头侧为"接头的箭头侧",与之相对的则为"接头的非箭头侧",参见图2-3-4。

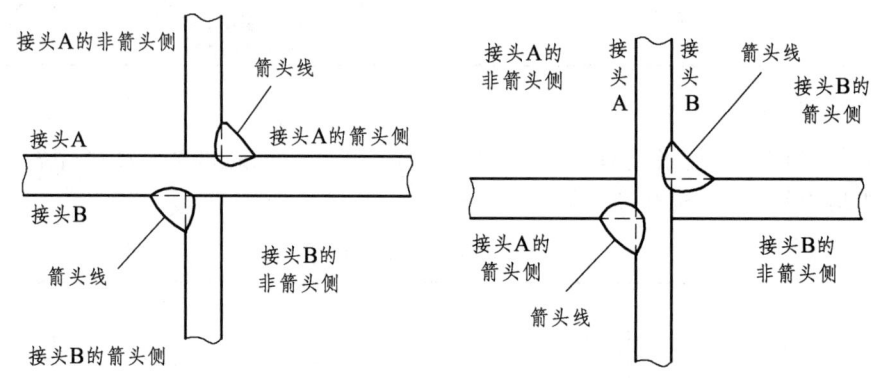

图 2-3-4 接头的"箭头侧"及"非箭头侧"示例

(3)基准线一般应与图样的底边平行,必要时也可与底边垂直。实线和虚线的位置可根据需要互换。

(4)基本符号在实线侧时,表示焊缝在箭头侧,参见图2-3-5(a);基本符号在虚线侧时,表示焊缝在非箭头侧,参见图2-3-5(b);对称焊缝允许省略虚线,参见图2-3-5(c);在明确焊缝分布位置的情况下,有些双面焊缝也可省略虚线,参见图2-3-5(d)。

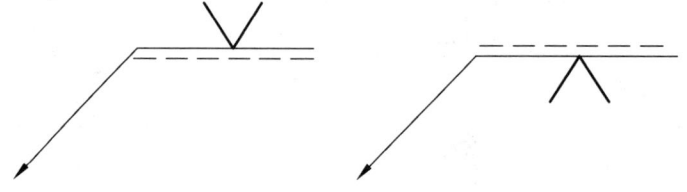

(a)焊缝在接头的箭头侧

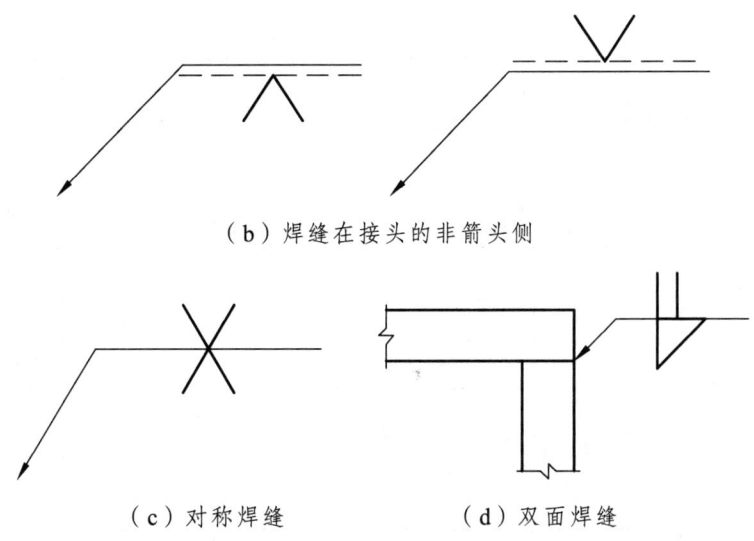

（b）焊缝在接头的非箭头侧

（c）对称焊缝　　　　　　（d）双面焊缝

图 2-3-5　基本符号与基准线的相对位置

5. 尺寸及标注

（1）一般要求。

必要时，可以在焊缝符号中标注尺寸。尺寸符号参见表 2-3-4。

表 2-3-4　尺寸符号

符号	名　称	示意图	符号	名　称	示意图
δ	工件厚度		c	焊缝宽度	
α	坡口角度		K	焊脚尺寸	
β	坡口面角度		d	点焊：熔核直径塞焊：孔径	
b	根部间隙		n	焊缝段数	
p	钝边		l	焊缝长度	

续表

符号	名　称	示意图	符号	名　称	示意图
R	根部半径		e	焊缝间距	
H	坡口深度		N	相同焊缝数量	
S	焊缝有效厚度		h	余高	

（2）标注规则。

尺寸的标注方法参见图 2-3-6。

横向尺寸标注在基本符号的左侧；纵向尺寸标注在基本符号的右侧；坡口角度、坡口面角度、根部间隙标注在基本符号的上侧或下侧；相同焊缝数量标注在尾部；当尺寸较多不易分辨时，可在尺寸数据前标注相应的尺寸符号。

当箭头线方向改变时，上述规则不变。

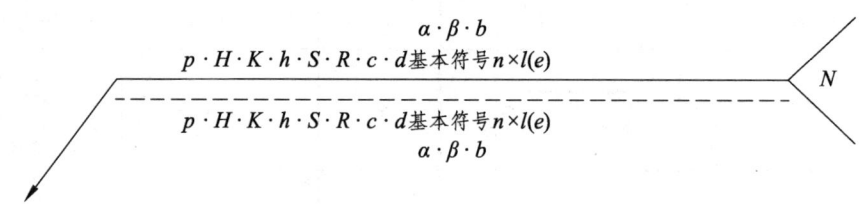

图 2-3-6　尺寸标注方法

（3）关于尺寸的其他规定。

确定焊缝位置的尺寸不在焊缝符号中标注，应将其标注在图样上。

在基本符号的右侧无任何尺寸标注又无其他说明时，意味着焊缝在工件的整个长度方向上是连续的。

在基本符号的左侧无任何尺寸标注又无其他说明时，意味着对接焊缝应完全焊透。

塞焊缝、槽焊缝带有斜边时，应标注其底部的尺寸。

三、焊接工艺参数

焊接工艺参数（焊接规范），是指焊接时为保证焊接质量而选定的各项参数（如焊接电流、电弧电压、焊接速度、线能量等）的总称。

手工电弧焊的焊接工艺参数通常包括：焊条的型号、焊接电流、电弧电压、焊接速度、焊接层数等。正确选择焊接工艺参数是获得质量优良的焊缝和较高的生产率的关键。

1. 焊条的型号

（1）焊条牌号的选择。通常根据所焊钢材的化学成分、力学性能、工作环境等方面的要求，以及焊接结构承载的情况和弧焊设备的条件等综合考虑，选择合适的焊条牌号，从而保证焊缝金属的性能要求。

（2）焊条直径的选择。焊条直径大小的选择与下列因素有关：

① 焊件的厚度焊件厚度大于 5 mm 应选择 4.0 mm、5.0 mm 直径的焊条；反之，薄焊件的焊接，则应选用 3.2 mm、2.5 mm 直径的焊条。

② 焊缝的位置。在板厚相同的条件下，平焊焊缝选用的焊条直径比其他位置焊缝大一些，但一般不超过 5 mm，立焊一般使用 3.2 mm、4.0 mm 直径的焊条，仰焊、横焊时，为避免熔化金属的下淌，得到较小的熔池，选用的焊条直径不超过 4 mm。

③ 焊接层数。进行多层焊时，为保证第一层焊道根部焊透，打底焊应选用直径较小的焊条进行焊接，以后各层可选用较大直径的焊条。

④ 接头形式。搭接接头、T形接头因不存在全焊透问题，所以应选用较大的焊条直径，以提高生产效率。

2. 焊接电流

焊接时，适当地加大焊接电流，可以加快焊条的熔化速度，从而提高工作效率。但是过大的焊接电流，会造成焊缝咬边、焊瘤、烧穿等缺陷，而且金属组织还会因过热发生性能变化。电流过小则易造成夹渣、未焊透等缺陷，降低了焊接接头的力学性能。所以应选择合适的焊接电流。选择焊接电流的主要依据是焊条直径、焊缝位置、焊条类型，特别是凭焊接经验来调节合适的焊接电流。

（1）根据焊条直径来选择。焊条直径一旦确定下来，也就限定了焊接电流的选择范围。

一般可以根据下列的经验公式来确定焊接电流范围，再通过试焊，逐步得到合适的焊接电流：

$$I_h = （30 \sim 50）d$$

式中，I_h 为焊接电流，d 为焊接直径。

（2）根据焊缝位置选择。在相同焊条直径条件下，平焊时，熔池中的熔化金属容易控制，可以适当地选择较大的焊接电流，立焊和横焊时的焊接电流比平焊时应减小 10%～15%，而仰焊时要比平焊减小 10%～20%。

（3）根据焊条类型选择。在焊条直径相同时，奥氏体不锈钢焊条使用的焊接电流要比碳钢焊条小些，否则会因其焊芯电阻热过大使焊条药皮过热而脱落。碱性焊条要比酸性焊条使用的焊接电流小些，否则，焊缝中易形成气孔。

（4）根据焊接经验选择。

① 焊接电流过大时：焊接爆裂声大，熔滴向熔池外飞溅；而且熔池也大，焊缝成形宽而低，容易产生烧穿、焊瘤、咬边等缺陷；运条过程中熔渣不能覆盖熔池起保护作用，而使熔池裸露在外，造成焊缝成形波纹粗糙；过大的电流使焊条熔化到大半根时，余下部分焊条均已发红。

② 焊接电流过小时：焊缝窄而高，熔池浅，熔合不良，会产生未焊透、夹渣等缺陷；还会出现熔渣超前，与液态金属分不清；有时焊条会与焊件黏结。

③ 合适的焊接电流：熔池中会发出煎鱼般的声音；运条过程中，以正常的焊接速度移动，熔渣会半盖半露着熔池，液态金属和熔渣容易分清；焊缝金属与母材呈圆滑过渡，熔合良好；在操作过程中，有得心应手之感。

3. 电弧电压

手弧焊时的电弧电压主要由电弧长度来决定。电弧长，电弧电压就高；电弧短，电弧电压就低。焊接时应该使用短弧焊接。所谓短弧一般认为是焊条直径的 0.5~1.0 倍。

4. 焊接速度

单位时间内完成的焊缝长度称为焊接速度。对于手弧焊来说焊接速度是由焊工操作决定的，它直接影响焊缝成形的优劣和焊接生产率。

5. 焊接层数

当焊件较厚和一些重要的结构，焊接层数多些为好，每层厚度最好不大于 4 mm。

6. 线能量

线能量是指熔焊时，由焊接能源输入给单位长度焊缝上的能量。其获得公式为：

$$q = \eta \times IU \div v$$

式中，q 为线能量，η 为电弧有效功率系数，I 为焊接电流，U 为电弧电压，v 为焊接速度。

当焊接电流增大或焊接速度减慢使焊接线能量增大时，过热区的晶粒粗大，韧性严重降低；反之，线能量趋小时，硬度虽有提高，但韧性要变差。因此，对于不同钢种和不同焊接方法存在一个最佳的焊接工艺参数，要在合理的焊接工艺参数范围内反复试焊，才能确定最佳的线能量。

四、焊接电源极性和电弧偏吹

焊接前，应该根据焊件所要求确定焊条型号，再根据焊条型号选用弧焊电源。如果使用酸性焊条，可选用交流或直流弧焊电源。如果使用碱性焊条，则必须选用直流弧焊电源。在使用直流弧焊电源时，应该考虑选择电源极性的问题，并了解电弧偏吹给焊接带来的不利影响和相应的预防措施。

1. 焊接电源的极性

电源极性有正极性和反极性两种。所谓正极性就是焊件接电源正极，电极（焊钳）接电源负极的接线法，正极性也称正接。反极性就是焊件接电源负极，电极接电源正极的接线法，反极性也称反接。对于交流弧焊机，由于电源的极性是交变的，所以不存在正极性和反极性。

在选用焊接电源的极性时，主要根据焊条的性质和焊件所需的热量来决定。常用直流正极性，焊接较厚的钢板，以获得较大的熔深；采用反极性，焊接薄钢板，可以防止烧穿。若酸性焊条采用交流弧焊机时，其熔深则介于直流正极性和反极性之间。

使用碱性低氢钠型（E5015型）焊条时，无论焊件的板薄或板厚，均应采用直流反接，因为这样可以减少飞溅现象和减小气孔倾向，并使电弧稳定燃烧。

2. 焊接电弧的偏吹

在焊接过程中，因焊条偏心、气流干扰和磁场的作用，常会使焊接电弧的中心偏离焊条轴线，这种现象称为电弧偏吹。电弧偏吹不仅使电弧燃烧不稳定，飞溅加大，熔滴下落时失去保护，容易产生气孔，还会因熔滴落点的改变而无法正常焊接，直接影响焊缝成形。

（1）焊条偏心的影响。主要是焊条制造中的质量问题，因焊条药皮厚薄不均匀，使电弧燃烧时，药皮熔化不均，电弧偏向药皮薄的一侧，形成偏吹。所以施焊前应检查焊条的偏心度。

（2）气流的影响。由于焊接电弧是一个柔性体，气体的流动将会使电弧偏离焊条轴线方向。特别是大风中或狭小通道内的焊接作业，空气的流速快，会造成电弧的偏吹。

（3）磁场的影响。在使用直流弧焊机施焊过程中，常会因焊接回路中产生的磁场在电弧周围分布不均引起电弧偏向一边，形成偏吹。这种偏吹叫磁偏吹。只有在使用直流弧焊机时才会产生电弧磁偏吹，焊接电流越大，磁偏吹现象越严重。而对于交流焊接电源来说，一般不会产生明显的磁偏吹现象。

克服电弧偏吹的措施如下：

① 在条件许可的情况下，尽可能使用交流弧焊电源焊接。
② 室外作业可用挡板遮挡大风或"穿堂风"，以对电弧进行保护。
③ 将连接焊件的地线同时接于焊件两侧，可以减小磁偏吹。

④ 适当调整焊条角度，使焊条向偏吹一侧倾斜。这种方法在实际工作中较为有效。
⑤ 采用小电流和短弧焊接对克服电弧偏吹也能起一定作用。

五、操作要领

1. 对接平位

单面焊双面成形锅炉及压力容器等重要构件，要求在构件的厚度方向完全焊透。对于大型容器，可以采取双面焊接工艺；对于直径较小的容器，因无法进入内部施焊，则就要求焊工掌握单面焊双面成形的操作技术。

（1）准备焊件。

将开成 V 形坡口的焊件表面清理干净，露出金属光泽宽为 10～20 mm，然后锉削钝边，其尺寸为 0.5～1.5 mm，最后在距坡口边缘一定距离（50 mm）用划针划一条平行线，作为焊后测量焊缝在坡口每侧增宽的基准线。

（2）焊件装配。

将两块钢板装配成 V 形坡口的对接接头，起焊处的根部间隙为 3.2 mm，终焊处为 4 mm，如图 2-3-7（装配时可分别用直径 3.2 mm、4 mm 的焊条芯夹在焊件两端）。放大终焊端的间隙是考虑到焊接过程中的横向收缩量，以保持熔透坡口根部所需要的间隙。将组对好间隙的焊件在距端头 20 mm 之内进行定位焊，定位焊缝长 10～15 mm。

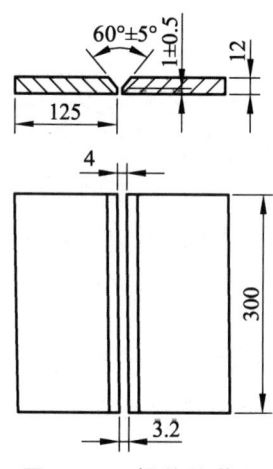

图 2-3-7 焊件的装配

（3）反变形。

由于 V 形坡口具有不对称性，只在一侧焊接，焊缝在厚度方向横向收缩不均，钢板会向上翘起产生角变形，如图 2-3-8（a）所示。其大小用变形角 α 来表示。要求变形角控制在 3° 以内。为此采用反变形法来预防焊后的角变形，即焊前将组对好的焊件向焊后角变形的相反方向折弯一定的反变形量。反变形量一般凭经验确定：用一水平尺搁在焊件两侧（钢板宽度为 125 mm 时），中间的空隙刚好放置一根直径为 4 mm 的焊条（包括药皮）并能通过，如图 2-3-8（b）所示。

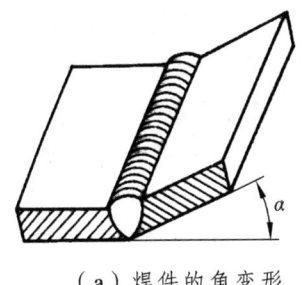 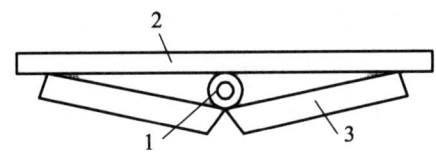

（a）焊件的角变形　　　　　　（b）反变形量的测定方法

1—焊条（$\phi 4$ mm）；2—水平尺；3—焊件。

图 2-3-8　反变形

（4）操作方法。

单面焊双面成形的焊件其背面焊缝是否符合质量要求，关键在于底层的焊接。底层的焊接方式主要有灭弧法和连弧法两种。

① 灭弧法。

灭弧法主要是通过调节燃弧和熄弧时间，来控制熔池温度、形状及填充金属的薄厚，以获得良好的背面成形和内部质量。焊接时，采用短弧操作，焊条与焊接方向的夹角为 30°~50°，电弧引燃、熄灭的节奏应一致（一般焊接时间在 0.8~1.2 s）。

正式焊接前先在试板上试焊，检查电流是否合适及焊条有无偏吹现象。确认无误后，从焊件间隙较小的那一端引弧，经过适时的长弧预热，然后立即压低电弧，可看到定位焊缝及坡口根部金属熔化形成的熔池，并听到"扑扑"声，这时应立即灭弧。当熔池的熔化金属颜色由亮变暗的瞬时，迅速在熔池的 2/3 处引弧，从坡口一侧运条到另一侧稍作停顿，然后向后方灭弧。接着新熔池颜色刚变暗时，立即在刚熄弧的坡口那一侧位置引弧，压弧焊接之后再运条到另一侧稍作停顿，听到"扑扑"声再立即灭弧。这样左右击穿周而复始，直至完成打底焊。

灭弧法要求每一个熔滴都要准确送到欲焊位置，燃、灭弧节奏应控制在 45~55 次/min。节奏过快，坡口根部熔不透；节奏过慢，熔池温度过高，焊件背面焊缝会超高（应控制在 2 mm 以下），甚至出现焊瘤和烧穿现象。要求每形成一个熔池都要在其前面出现一个熔孔，熔孔的轮廓由熔池边缘和坡口两侧被熔化的缺口构成，如图 2-3-9 所示。打底层的焊接质量主要取决于熔孔的大小和间距，熔孔以大于根部间隙约 1 mm 为宜，其间距始终应保持熔池之间有 2/3 的搭接量。

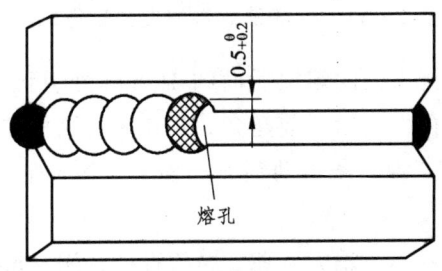

图 2-3-9　熔孔位置及大小

更换焊条前，压低电弧向熔池前沿连续过渡一二滴熔滴，使其背面饱满，防止形成冷缩孔，随即灭弧。更换焊条要快，在图 2-3-10 所示①的位置重新引弧，沿焊道焊至接头处②的位置，作长弧预热来回摆动几下之后（③④⑤⑥），在⑦的位置压低电弧。当出现熔孔并听到"扑扑"声时，迅速灭弧。这时更换焊条的接头操作结束，转入正常灭弧焊法。

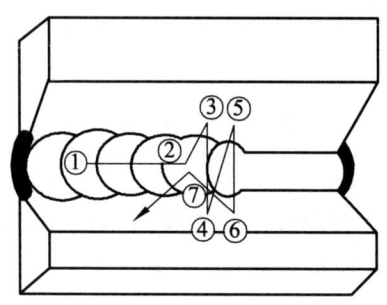

图 2-3-10　更换焊条时的电弧轨迹

② 连弧法。

连弧法是在焊接过程中，电弧始终燃烧并作有规则的摆动，使熔滴均匀地过渡到熔池中，达到良好的背面焊缝成形。一般采用较小的根部间隙、适当的焊接电流、与电流相适宜的焊接速度，并通过熟练的运条动作，就可以获得均匀、细腻的背面焊缝。

操作时，从定位焊缝上引弧，焊条在坡口内侧作 U 形运条，如图 2-3-11 所示。电弧从坡口两侧运条时均稍停顿，焊接频率约为 50 个/min。应保证熔池间重叠 2/3，熔孔明显可见，每侧坡口根部熔化缺口为 0.5 mm 左右，同时听到击穿坡口的"扑扑"声。一般 3.2 mm 直径的焊条可焊长约 80 mm 的焊缝。

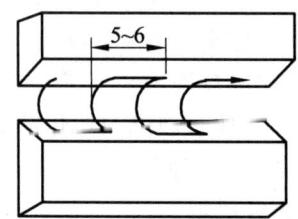

图 2-3-11　连弧法焊接的电弧运行轨迹

更换焊条应迅速，在接头处的熔池后面约 10 mm 处引弧。焊至熔池处，应压低电弧击穿熔池前沿，形成熔孔，然后向前运条，以 2/3 的弧柱在熔池上，1/3 的弧柱在焊件背面燃烧为宜。收尾时，将焊条运动到坡口面上缓慢向后方提起收弧，以防止在弧坑表面产生缩孔。

其他各层的焊接电流要选择稍大一些，焊条直径选用 4 mm，其操作要领与 V 形坡口平对接焊相同。

(5)常见焊接缺欠。

经过前一阶段的技能训练,可以体会到焊接缺欠不仅直接影响焊缝表面的美观成形,而且影响焊接结构的使用性能。常见的焊接缺欠产生原因及防止措施见表2-3-5。

表2-3-5 焊接缺欠及处理措施

缺欠类型	缺欠特征	产生原因	处理措施
热裂纹	1. 发生在焊缝区或热影响区,沿焊缝方向分布; 2. 有氧化色彩; 3. 焊后即可见	1. 母材中硫、磷、铜等杂质含量过高; 2. 接头中存在拉应力	1. 选择合适的焊接材料,严格控制杂质含量; 2. 选择合适的焊接工艺参数,控制焊接速度、电流等; 3. 焊前预热,焊后缓冷
冷裂纹	1. 处于焊道与母材熔合线附近的热影响区中,为穿晶裂纹; 2. 无氧化色彩; 3. 有延后特性	1. 焊接接头淬火倾向严重,产生淬火组织; 2. 接头含氢量较高; 3. 存在较大的拉应力	1. 选择碱性焊条或焊剂,减少氢含量; 2. 焊条焊剂烘干; 3. 清除焊缝坡口及附近的母材上的油、水、锈等杂质; 4. 焊前预热,焊后缓冷; 5. 焊后热处理,去氢
气孔	1. 氢气孔; 2. 一氧化碳气孔(氧化铁和碳反应产生); 3. 氮气孔	1. 焊接部位不洁净,存在油水锈杂质; 2. 焊条和焊剂受潮; 3. 电流和焊接速度过大; 4. 气体保护焊时气体流量过大	1. 焊接前清除坡口及附近的母材上的油水锈杂质; 2. 焊条和焊剂应在适当的温度下烘干保温; 3. 控制焊接电流及焊接速度; 4. 采用气体保护时,控制保护气体的流量
未焊透	1. 分为表面未焊透和内部未焊透; 2. 减小焊接面积,引起应力集中; 3. 发生频率高	1. 坡口角度或间隙偏小,钝边过大,坡口边缘不齐; 2. 焊接工艺参数选择不当; 3. 坡口不洁净; 4. 焊工技术差	1. 正确选用和加工坡口; 2. 选择合适的焊接电流和焊接速度,运条摆动适当,随时调整焊接角度; 3. 认真清洁坡口及附近母材; 4. 提高焊工技术水平
未融合	1. 发生在焊条和母材、不同焊接层间; 2. 未融合经常伴随夹渣	1. 焊接热不够; 2. 层与层之间的焊渣没有清除干净; 3. 坡口不洁净	1. 采用合理的电流; 2. 选用适当的焊接速度; 3. 认真清洁坡口及附近母材; 4. 提高焊工技术水平
夹渣与夹杂	1. 包括非金属杂质及熔渣; 2. 可能存在于焊缝与母材间及焊缝层间	1. 坡口角度或电流太小; 2. 弧长过长或极性不当; 3. 坡口未清理干净; 4. 层间焊渣未清理干净	1. 选择合适的坡口参数及焊接参数(电流和焊接速度); 2. 保持坡口干燥洁净; 3. 层间焊渣清理干净后焊接下一道焊口

续表

缺欠类型	缺欠特征	产生原因	处理措施
咬边	1. 可分为内咬边和外咬边； 2. 咬边不仅减少了有效工作截面积，还在咬边处形成应力集中； 3. 咬边多出现在横、立、仰焊	1. 电流过高，电压过大，电弧过长偏吹； 2. 运条角度不当，手法不稳，焊接速度过快	1. 选择合适的电流和电压； 2. 注意控制焊接角度及电弧长； 3. 加强焊工技能培训
焊瘤	1. 过多熔化的金属流到了位熔化的母材上； 2. 常伴有未熔合和夹渣出现； 3. 使焊缝实际尺寸发生偏差，而且容易造成应力集中	1. 电流过大造成焊接温度太高； 2. 运条速度太慢； 3. 操作不熟练	1. 控制电流大小和运条速度； 2. 选择正确的运条角度； 3. 加强焊工技能培训
烧穿	常见于薄板焊接	1. 间隙太大； 2. 焊接电流太大而焊速太快	1. 选择正确的焊接电流和焊接速度； 2. 组对的时候控制好焊接间隙； 3. 在焊接接头处电弧不能长时间停留，运条匀速

任务实施

一、操作要点

选用电源极性；克服电弧偏吹的措施；定位焊的要求；反变形法；打底焊的灭弧法，连弧法；掌握平位单面焊双面成形技术。

二、焊前准备

（1）焊件：Q235 低碳钢板两块，每块长×宽×厚为 300 mm×125 mm×12 mm，开 V 形坡口。

（2）焊条：E4303 型和 E5015 型，直径 3.2 mm、4.0 mm。使用 E5015 型焊条，应在烘干箱中进行 350~400 ℃烘干，保温 2 h，随用随取。

（3）接线：直流弧焊机的二次输出端采用反极性接法。连接焊件的地线要同时接在焊接工位的左右两侧。

三、操作要领

V形坡口平对接焊及其单面焊双面成形技能训练。

1. 操作过程

先完成一个阶段的V形坡口平对接焊技能训练课题，在此训练的基础上进行单面焊双面成形技能训练。

（1）修磨坡口，单面坡口为30°，双面坡口为60°；钝边厚度为0.5-1.5 mm；装配间隙为3.2~4.0 mm；定位焊长度为10~15 mm，注意预留反变形量为3°。

（2）用3.2 mm直径的焊条，若选择酸性焊条（E4303型），采用灭弧法打底焊；若选择碱性焊条（E5015型），采用连弧法打底焊。

（3）各层间要认真清理熔渣，并控制层间温度，用4 mm直径的焊条进行以后各层焊道的焊接。填充焊的焊量应控制在最后一层，填充焊道距焊件表面下凹0.5~1 mm。

（4）最后用直径4 mm或5 mm的焊条，采用锯齿形运条法完成表面焊。

（5）清理熔渣及飞溅物并检查焊接质量。

① 外观检查。一般用肉眼或低倍（小于20倍）放大镜检查焊件正、反面焊缝的缺陷性质及数量，用焊缝万能量规测量焊缝外形尺寸。

② X射线探伤。按照GB/T 3323.1—2019标准规定进行检测。

③ 弯曲试验。若对焊件做力学性能试验，在焊件横向截取面弯、背弯试样各一件，冷弯角一般为90°或180°（根据焊件材质），拉伸面上如不出现长度超过3 mm，宽度超过1.5 mm的裂纹为合格。

2. 平焊焊接工艺

平焊焊接工艺参数参考表见表2-3-6。

表2-3-6 平焊焊接工艺参数参考表

焊接层数	运条方法	焊条直径/mm	焊接电流/A
第一层焊道（打底）	直线或锯齿形运条方法	3.2	60~80
第二层焊道（填充）	月牙或锯齿形运条方法	3.2~4.0	100~130（根据焊机额定电流）
第三层焊道（盖面）	锯齿形运条方法	3.2~4.0	90~120（根据焊机额定电流）

任务评价

评分标准见表2-3-7。

表 2-3-7　V 形坡口对接平焊评分标准

考核项目	考核内容及要求	配分	考核标准	得分
焊缝质量	正面焊缝余高 $h\leqslant 3$ mm	10	超差不得分	
	背面焊缝余高 $h\leqslant 2$ mm	10	超差不得分	
	正面焊缝余高差 $h\leqslant 2$ mm	10	超差不得分	
	正面焊缝没侧比坡口增宽≤2.5 mm	5	超差不得分	
	焊缝宽度差≤2 mm	5	超差不得分	
	焊缝边缘直线度误差≤2 mm	10	超差不得分	
	焊后角变形 $\alpha\leqslant 2°$	5	超差不得分	
	咬边缺陷深度≤0.5 mm	5	超差不得分	
	无未焊透	5	出现不得分	
	错边量≤1 mm	5	超差不得分	
	无焊瘤	5	出现不得分	
	无气孔	5	出现不得分	
	焊缝表面波纹均匀成形美观	10	根据成形酌情扣分	
安全文明生产	符合焊工安全文明生产规范	10	视违规情况扣分	
指导老师意见		总分		

注：① 正、反两面满分为 100 分，评分后除以 2 为实际得分。
　　② 焊缝未盖面、焊缝表面及根部已修补或试件做舞弊标记则该单项作 0 分处理。
　　③ 凡焊缝表面有裂纹、夹渣、未熔合、焊瘤等缺陷之一的，该试件外观为 0 分。
　　④ 焊缝需沿一个方向焊接，两个方向焊接外观为 0 分。

思考与练习

（1）手弧焊时怎样选择焊条直径？
（2）什么叫正极性、反极性？应如何选用？
（3）定位焊时有哪些要求？

任务 4 立对接焊

【技能点】
☆ 掌握立对接焊的操作技能；
☆ 掌握单面焊双面成形的操作技能。

【知识点】
☆ 焊条的组成及作用；
☆ 焊条药皮的类型及焊条的分类；
☆ 焊缝符号、标准方法；
☆ 焊接工艺参数；
☆ 电源极性。

任务提出

立对接焊是指对接接头焊件处于立焊位置时的操作。立对接焊通常是由下向上施焊。有时在薄板对接或间隙较大的薄件焊接时，采取由上向下施焊，这种焊法熔深浅，薄件不易烧穿，有利于焊缝成形。立对接焊焊接板如图 2-4-1 所示。

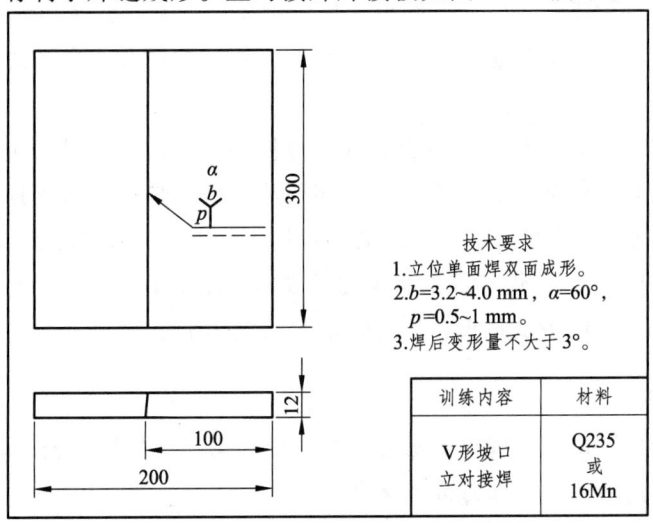

技术要求
1. 立位单面焊双面成形。
2. $b=3.2\sim4.0$ mm, $\alpha=60°$, $p=0.5\sim1$ mm。
3. 焊后变形量不大于3°。

训练内容	材料
V形坡口立对接焊	Q235 或 16Mn

图 2-4-1 立对接焊焊接板

> 任务分析

立对接焊是在立焊位置上焊接对接接头的一种操作方法。焊接时必须熟知相应焊接理论知识和焊接工艺、技术操作要领等。这是一项在压力管道和锅炉压力容器焊接中焊工必须掌握的焊接操作技术，也是焊工鉴定考试的一项内容，必须加以充分练习。

> 相关知识

一、I形坡口立对接焊

立焊操作常见的姿势有蹲式、站式。身体略偏向左侧，便于握焊钳的右手操作。

1. 操作手法

为控制熔池温度，避免熔池金属下淌，常采用挑弧法和灭弧法。

（1）立焊挑弧法。立焊时，一般在焊件根部间隙不大，而且不要求背面焊缝成形的第一层焊道，采用挑弧法。其要领是当熔滴过渡到熔池后，立即将电弧向焊接方向（向上）挑起，弧长不超过 6 mm，但电弧不熄灭。使熔池金属凝固，等熔池颜色由亮变暗时，将电弧立刻拉回到熔池，当熔滴过渡到熔池后，再向上挑起电弧。如此不断地重复进行。其节奏应该有规律，落弧时，熔池体积应尽量小，但熔合状况要好；挑弧时，熔池温度要掌握好，适时下落很重要。

（2）立焊灭弧法。一般在 I 形坡口的装配间隙偏大的第一层焊道和立对接单面焊双面成形的打底焊时采用灭弧法。其要领是当熔滴过渡到熔池后，因熔池温度较高，熔池金属有下淌趋向，这时立即将电弧熄灭，使熔池金属有瞬时凝固的机会，随后重新在灭弧处引弧，当形成的新熔池良好熔合后，再立即灭弧。就这样燃弧-灭弧交替地进行。灭弧停留的时间长短根据熔池温度的高低作相应的调节，燃弧时间根据熔池的熔合状况灵活掌握。

立对接焊的起头和接头处，由于起焊时焊件温度偏低，容易产生焊道过高凸起和夹渣等缺陷，因此焊件起头、接头时应采用预热法进行焊接，从而提高焊接部位的温度。其方法是在起焊处引燃电弧，并将电弧拉长 3~6 mm，适当延长预热烘烤时间（一般熔滴下落 2~4 滴），当焊接部位有熔化迹象时，把电弧逐渐推向待焊处，保证熔池与焊件良好熔合。预热法是起头、接头时常用的操作手法。

2. 运条方法

第一层焊道采用挑弧法或灭弧法完成后，施焊第二层焊缝（表面焊缝），一般采用的运条方法有锯齿形运条法和月牙形运条法。

运条方法选定后，焊接时要合理地运用焊条的摆动幅度、摆动频率，以控制焊条上移的速度，掌握熔池温度和形状的变化。

焊条摆动的幅度应稍小于焊缝要求的宽度。操作时，当熔池的边缘移近焊缝宽度界限处，焊条就要立即向焊缝的另一侧摆动，如此左右摆动，在控制摆幅的同时向上移动焊条。焊条向上移动的速度应根据熔池的温度变化灵活掌握。熔池温度偏高，上移速度就稍快些。要通过均匀而有节奏的焊条摆动、适宜的上移速度获得光滑平整的焊缝。

焊条摆动频率的快与慢，直接影响焊缝外观成形。摆动频率快，焊缝波纹较细且平整；摆动频率慢，焊缝波纹较粗，成形不太光滑。要掌握合适的焊条摆动频率，调整与其相适应的焊接电流。可以采用正握法，通过手腕左右灵活动作来完成。

二、开坡口立对接焊

开坡口的焊件一般采用多层焊，包括打底层焊、填充层焊、表面层焊。填充焊和表面焊是单面焊双面成形焊接技术的基础，打底焊是关键。为了掌握此项技术，应先进行开坡口立对接焊的训练，以熟知填充焊和表面焊的操作要领，再强化打底焊的训练，从而完全掌握单面焊双面成形技术。

开坡口立对接焊的第一层焊道的背面成形不作要求，可以采用 I 形坡口立对接焊中第一层焊道的挑弧法或灭弧法进行焊接。

填充焊前应该清理干净前一层熔渣，每层所焊焊道要平整，避免焊道形成中间高、两侧低的尖角形状，给以后清渣带来困难，造成夹渣、未焊透等缺陷。填充焊时可采用锯齿形运条法，焊条摆动到焊道两侧时，要稍作停顿或上下稍作摆动，以控制熔池湿度，使两侧良好熔合，并保持扁圆形的熔池外形。

填充焊的最后一层焊道，应低于焊件表面 1~1.5 mm，显露坡口边缘，对局部低洼处要通过焊补将整个填充焊道焊接平整，为表面焊打好基础。

表面焊形成修饰焊缝，直接影响焊缝外观质量。焊接时可根据焊缝余高的不同要求来选择运条方法，如要求余高稍平些，可选用锯齿形运条法；若要求余高稍凸些，可采用月牙形运条法。运条速度要均匀，摆动要有节奏，如图 2-4-2 所示。

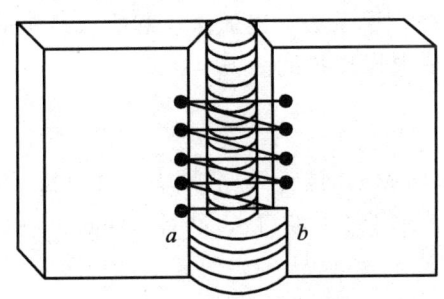

图 2-4-2 表面层操作运条方法

运条至 a、b 两点时，应将电弧进一步缩短并稍作停留，这样有利于熔滴过渡和防止咬边。焊条摆动到焊道中间的过程要快些，防止熔池外形凸起产生焊瘤。有时表面焊缝要获得薄而细腻的焊缝波纹，焊接时可采用短弧运条，焊接电流稍大，与焊条摆动频率相适应，采用快速左右摆动的运条方法。

三、板对接立位单面焊双面成形

板对接立位单面焊双面成形的焊件准备、焊件装配、反变形的操作内容和要领同平位单面焊双面成形相似，不再重复。

焊接时焊件垂直固定，高度以板的上缘与焊工两腿叉开站立时的视线齐平为宜。

打底焊接首先在引弧板上校验焊条和焊接电流无误后，在定位焊缝上方 10～15 mm 处引弧，然后将电弧拉回到定位焊缝中心稍加摆动进行预熟，再压低电弧焊接，使钝边根部与定位焊缝熔化形成第一个熔池，接着左右灭弧击穿焊接。两侧击穿的缺口应该均匀地保持在 1.5～2.5 mm 范围内。缺口过大会因为电弧燃烧时间长，熔池温度升高使液态金属体积偏大，重力大于表面张力而下滴，造成背面焊缝超高，甚至出现焊瘤。若缺口过小，则焊不透。

焊缝背面如果透度不够，击穿焊时，可将熔孔击穿略大一些；如果背面成形过高，则应缩小击穿的熔孔，同时要减少熔焊停留时间。击穿焊接燃弧时间以 1.5～2 s，灭弧以 1～1.5 s 为宜。

更换焊条前在熔池旁断续灭弧一二下，然后将焊条拉向斜下方坡口一侧迅速灭弧，以防出现冷缩孔。快速更换焊条后，在接头的上方 10～15 mm 处引弧，将电弧拉长到弧坑处预热适当时间，并向坡口根部压一下，以使熔滴送入熔窝根部，听到背面"扑扑"的击穿声，说明已经焊透，灭弧转入正常的左右击穿灭弧焊接。

填充焊和表面焊的操作要领同开坡口立对接焊相同。

任务实施

1. 操作要点

掌握立对接焊的挑弧法、灭弧法、连弧法、起头或接头的预热法等技能；进行 V 形坡口立对接单面焊双面成形操作技能。

2. 焊前准备

（1）焊件：低碳钢或 16 Mn 钢板，每组两块，每块长×宽为 300 mm×100 mm。厚度两种：一种 3～6 mm（用于 I 形坡口），准备一组；另一种 10～12 mm（用于 V 形坡口），准备两组。

（2）焊条：E4303 型、E5015 型两种，直径 3.2 mm、4.0 mm。使用 E5015 型焊条，应加温到 350～450 ℃，并保温 2 h，随用随取。

3. 操作要领

先进行一个阶段 V 形坡口立对接焊的技能训练，在掌握打底、填充焊、表面焊的操作技能之后，进行单面焊双面成形的技能训练。

4. 操作过程

（1）修磨坡口，单面坡口为 30°，双面坡口为 60°；钝边厚度为 0.5~1.5 mm；装配间隙为 3.2~4.0 mm；定位焊长度为 10~15 mm，注意预留反变形量为 3°。

（2）使用 3.2 mm 焊条打底焊，焊条的角度为 65~85°。

（3）层间清理干净熔渣，用 3.2 或 4.0 mm 焊条进行填充焊，采用锯齿形或月牙形运条法，焊条的角度为 65~85°。

（4）用 3.2 mm 或 4.0 mm 焊条，采用锯齿形或月牙形运条法进行表面焊并在坡口两边熔合 0.5 mm。

（5）清理熔渣及飞溅物，检查焊接质量。

5. 立焊焊接工艺

立焊焊接工艺参数参考表见表 2-4-1。

表 2-4-1 立焊焊接工艺参数参考表

焊接层数	运条方法	焊条直径/mm	焊接电流/A
第一层焊道（打底）	直线或锯齿形运条方法	3.2	60~80
第二层焊道（填充）	月牙或锯齿形运条方法	3.2~4.0	100~130（根据焊机额定电流）
第三层焊道（盖面）	锯齿形运条方法	3.2~4.0	90~120（根据焊机额定电流）

6. 注意事项

（1）严格控制击穿焊的电弧加热时间，熔孔大小要适当，运条角度要正确，保持短弧焊接。

（2）打底焊时，送移熔敷金属应尽可能少，保持焊道薄些，以利于背面焊缝成形。

（3）填充焊道应平整，无尖角和夹渣等缺陷。

（4）表面焊缝余高、熔宽应大致均匀，无咬边、夹渣等缺陷。

任务评价

评分标准见表 2-4-2。

表 2-4-2　V 形坡口立对接焊评分标准

考核项目	考核内容及要求	配分	考核标准	得分
焊缝质量	正面焊缝余高 $h\leq 3$ mm	10	超差不得分	
	背面焊缝余高 $h\leq 2$ mm	10	超差不得分	
	正面焊缝余高差 $h\leq 2$ mm	10	超差不得分	
	正面焊缝没侧比坡口增宽≤2.5 mm	5	超差不得分	
	焊缝宽度差≤2 mm	5	超差不得分	
	焊缝边缘直线度误差≤2 mm	10	超差不得分	
	焊后角变形 $\alpha \leq 2°$	5	超差不得分	
	咬边缺陷深度≤0.5 mm	5	超差不得分	
	无未焊透	5	出现不得分	
	错边量≤1 mm	5	超差不得分	
	无焊瘤	5	出现不得分	
	无气孔	5	出现不得分	
	焊缝表面波纹均匀成形美观	10	根据成形酌情扣分	
安全文明生产	符合焊工安全文明生产规范	10	视违章情况扣分	
指导老师意见		总分		

注：① 正、反两面满分为 100 分，评分后除以 2 为实际得分。
　　② 焊缝未盖面、焊缝表面及根部已修补或试件做舞弊标记则该单项作 0 分处理。
　　③ 凡焊缝表面有裂纹、夹渣、未熔合、焊瘤等缺陷之一的，该试件外观为 0 分。
　　④ 焊缝需沿一个方向焊接，两个方向焊接外观为 0 分。

思考与练习

（1）立焊挑弧法和灭弧法操作要领是什么？
（2）立对接焊单面焊双面成形中的打底焊、填充焊和表面焊的操作要领有哪些？

知识拓展

一、焊条的组成及作用

经过前面内容的手弧焊技能操作可知，焊条可作为电极，又作为填充金属与母材熔合后形成焊缝金属。因此，焊条不但影响电弧的稳定性，而且直接影响到焊缝金属的化学成分和力学性能。为了保证焊缝金属的质量，合理的选用焊条，就要对焊条的组成、分类、牌号等知识有较全面的了解。

1. 焊　芯

焊条中被药皮包覆的金属芯称为焊芯。焊芯的化学成分直接影响焊缝质量。制造焊芯用的钢丝经过特殊冶炼。国家标准GB/T 14957—1994规定了焊接用钢丝的标准种，这种焊接专用钢丝，用作制造焊条，就称为焊芯。如果用于埋弧焊、电渣焊、气体保护焊、气焊等焊接方法作为填充材料时，则称为焊丝。

（1）焊芯中各合金元素对焊接的影响。

① 碳（C）是钢中的主要合金元素，当含碳量增加时，钢的强度、硬度明显提高，钢的淬硬性及其裂纹敏感性增大，塑性降低。在焊接过程中，碳是种良好的脱氧剂。在电弧高温作用下碳与氧化合生成 CO 和 CO_2 气体，既起到脱氧的作用，又可以使气体从熔池中逸出，排开熔纳周围的空气，减少和防止空气中的氧、氮对熔池的侵入，起到保护作用。若含碳量过高，还原作用剧烈，会引起较大的飞溅和气孔。因此，低碳钢焊芯中的含碳量一般不大于 0.10%。

② 锰（Mn）在钢中是一种较好的合金剂，当钢中含锰在 2%以下时，随着含锰量的增加，钢的强度和韧性提高。锰也是种脱氧剂，与氧化合生成 MnO，可提高熔渣的流动性。锰还是很好的脱硫剂，与硫化合成 MnS，形成熔渣浮于熔池表面，从而减少了焊缝热裂纹的倾向。一般碳素结构钢焊芯含锰量为 0.30%～0.55%。

③ 硅（Si）也是较好的合金剂。硅能提高钢的强度、弹性及抗酸性能，但含量过高，会降低钢的塑性和韧性。硅具有比锰还强的脱氧能力，与氧形成 SiO_2。但过多的 SiO 在高温下成渣，可提高熔渣的黏度，易造成夹渣，还会引起飞溅现象。因此，焊芯中的含硅量应尽量少，要求在 0.03%以下。

④ 铬（Cr）用来冶炼合金钢和不锈钢，是一种重要合金元素，能够提高钢的硬度、耐磨性和耐腐蚀性。在焊接过程中，对低碳钢来说，铬是种杂质，会被氧化成难熔的氧化物（Cr_2O_3），不仅增加熔渣的黏度，而且易造成夹渣。因此，一般碳素钢焊芯中含铬量不大于 0.20%。

⑤ 镍（Ni）对低碳钢来说是一种杂质。焊芯中的含镍量要求不大于 0.30%。镍对钢的韧性有比较显著的影响，一般低温冲击值要求较高时，适当掺入一些镍。

⑥ 硫（S）是一种有害杂质，它会使焊缝严重偏析，造成钢的成分和性能分布不均匀。硫又是促使焊缝产生热裂纹的主要元素之一。一般焊芯的含硫量小于 0.04%。

⑦ 磷（P）也是一种有害杂质，它会使钢的冲击韧性大大降低，使焊缝产生冷脆现象。一般焊芯中含磷量小于 0.04%。

（2）焊芯的分类及牌号。

① 焊芯的分类。焊芯是根据国家标准《熔化焊用钢丝》（GB/T 14957—1994）的规定分类的，分为碳素结构钢、合金结构钢两大类。

② 焊芯牌号的含义。焊芯的牌号前用"焊"字注明，以表示焊接用钢丝，它的代号是"H"，即"焊"字汉语拼音的第一个字母。其后的牌号表示方法与钢号表示方法一样。末尾注有"高"字（字母用"A"表示），说明是高级优质钢，含硫、磷量均不大于0.030%；末尾注有"特"字（字母用"E"表示），说明是特级钢材，其含硫、磷量均不大于0.025%；末尾末注字的，说明是一般钢材，其含硫、磷量均小于0.040%。如H08MnA、H08Mn2Si（见图2-4-3）。

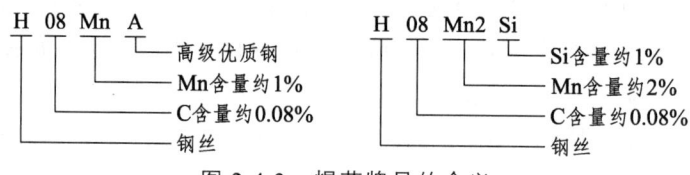

图2-4-3 焊芯牌号的含义

2. 药　皮

压涂在焊芯表面上的涂料层称为药皮。涂料层是由各种矿石粉末、铁合金粉、有机物和化工制品等原料，按一定比例配制后压涂在焊芯表面上的。一般焊条药皮中的配方中，组成物有九种之多，最常用的结构钢焊条E4303和E5015的药皮配方，见表2-4-3。焊条药皮组成物根据药皮成分在焊接过程中的作用通常分为：

（1）稳弧剂。常用的稳弧剂有大理石、长石、太白粉、水玻璃（含有钾、钠碱土金属的硅酸盐）等。可在焊条引弧和焊接过程中起改善引弧性能和稳定电电弧的作用。

（2）造渣剂。常用的造渣剂有大理石、菱苦石、白泥、金红石、云母、长石、太白粉、氟石等。这类组成物能熔成定比重的熔渣浮于熔池表面，使空气不易侵入，并且产生与熔池金属所必需的冶金反应，起到保护熔池和改善焊缝成形的作用。

表2-4-3　E4303和E5015焊条药皮配方　　　　　单位：%

	人造金红石	太白粉	菱苦石	氟石	长石	白泥	云母	低碳锰铁	太铁	45硅铁	纯碱	硅锰合金	大理石	水玻璃模数
E4303	30	8	7		8.6	14	7	12					12.4	K-Na 2.4~2.6
E5015	5			25			2		13	3	1	7.5	45	纯Na 2.8~3.0

注：焊芯全部为H08A。

（3）造气剂。常用的造气剂有大理石、白云石、菱镁矿、淀粉，纤维素、木粉等。主要作用是形成保护气，同时也有利于熔滴过渡。

碳酸盐类矿物质在强电高温条件下能分解出大量二氧化碳气体。如：

大理石 $CaCO_3 \longrightarrow CaO + CO_2\uparrow$

菱镁矿 $MgCO_3 \longrightarrow MgO + CO_2\uparrow$

有机物类组成物一般都是碳、氢、水等的化合物$[C(H_2O)_n]$，只要温度达250 ℃以上时，就按下式分解：

$$C_m(H_2O)n \longrightarrow O_2\uparrow + CO_2\uparrow + H_2$$

分解出的一氧化碳和氢气属还原气体，特别是一氧化碳，能有效地保护焊缝金属。

（4）脱氧剂。常用的脱氧剂有钛铁、锰铁、硅铁、铝铁、石墨等。主要作用是对熔渣和焊缝金属脱氧。利用熔融在焊接熔渣里某种与氧亲和力比较大的元素，通过在熔渣及熔化金属内进行一系列化学反应来达到脱氧的目的。

（5）合金剂。常用的合金剂有硅铁、锰铁、钛铁、钼铁、铬粉、镍粉、硼铁等。主要作用是补偿焊接过程中被烧损、蒸发的合金元素，并补加特殊性能要求的合金元素。以保证焊缝金属必要的化学成分、力学性能和抗腐性能等。

（6）稀释剂。主要的稀释剂有氟石、钛铁矿、冰晶粉和钛白粉等。主要作用是降低焊接熔渣的熔点、黏度、表面张力，改善熔渣的流动性能。如氟石（CaF_2）与熔渣中的其他成分形成$CaO·SiO_2·CaF_2$共晶（熔点为1 130 ℃），可降低熔渣的黏度。

（7）黏结剂。主要成分是钾、钠水玻璃，用于黏结药皮涂料，使它能牢固地涂压在焊芯上。

（8）增塑剂。主要作用是增加涂料的塑性和导滑性，便于焊条的压涂，保证焊条制造质量。如云母、白泥、太白粉等。

焊条药皮中的许多原料，可以同时起几种作用。如大理石既有稳弧作用，又有造气、造渣的作用；某些铁合金（如锰铁，硅铁）既可做脱氧剂，又可做合金剂。

综上所述，可以将焊条药皮的作用归纳为以下几方面：

① 改善焊条的焊接工艺性能。提高电弧燃烧的稳定性，减少飞溅，易脱渣，改善熔滴过渡和焊缝成形，能提高熔敷效率。

② 机械保护。药皮熔化或分解后产生气体和熔渣，隔绝空气，可防止熔滴和熔池金属与空气接触。熔渣凝固后的渣壳覆盖在焊缝表面，可防止高温的焊缝金属被氧化，并可减慢焊缝金属的冷却速度，改善焊缝结晶和成形。

③ 冶金处理。通过熔渣和铁合金的脱氧、去硫、去磷、去氢和渗合金等焊接冶金反应，可去除有害元素。增添有益元素，从而使焊件获得合适的化学成分。

二、焊条药皮的类型及焊条的分类

1. 焊条药皮的类型

焊条药皮是由多种矿物、铁合金、化工产品、有机物组成，药皮中的主要成分不同，焊条的工艺性能和其他性能及特点也不同。焊接结构钢用的焊条药皮类型有以下几种：

（1）钛铁矿型药皮中含有钛铁矿30%以上。该型熔渣流动性良好，电弧稍强，熔深较深，渣覆盖良好，脱渣容易，飞溅一般，焊波整齐，适用于全位置焊接。焊接电源为交流或直流正、反接。

（2）钛钙型药皮中含30%以上的氧化钛和20%以下的钙或镁的碳酸盐矿石。该型熔渣流动性良好，脱渣容易，电弧稳定，熔深适中，飞溅少，焊波整齐。适用于全位置焊接。焊接电源为交流或直流正、反接。

（3）铁粉钛钙型是在钛钙药皮中加入一定数量的铁粉。该型熔敷效率高，适用于平、横角焊。焊接电源为交流或直流正、反接。

（4）高纤维素钠型药皮中约含30%的纤维素及其他材料。该型电弧吹力大，熔深较深，熔化速度快，熔渣少，脱渣容易，飞溅一般，通常限制采用大电流焊接，适用于全位置焊接。焊接电源为直流反接。

（5）高纤维素钾型药皮是在高纤维素钠型的基础上添加了少量的钙与钾的化合物。该型电弧稳定，适用于全位置焊接。焊接电源为交流或直流反接。

（6）高钛钠型药皮中含氧化钛约30%，还含有少量的纤维素、锰铁、硅酸盐及钠水玻璃等。该型电弧稳定，熔深较浅，脱渣容易。焊接电源为交流或直流正接，适用于焊接薄板及表面焊等。

（7）高钛钾型药皮在高钛钠型的基础上采用钾水玻璃做黏结制。该型工艺性能和焊缝成形比高钛钠型好，适用于全位置焊接，焊接电源为交流或直流正、反接。

（8）铁粉铁型药皮在高钛钾型的基础上添加铁粉。该型熔敷效率高，适用于全位置焊接，焊缝表面光滑，脱渣性好。角焊缝略凸出。焊接电源为交流或直流正、反接。

（9）氧化铁型药皮中含有较多的氧化铁及锰铁脱氧剂。该型电弧吹力大，熔深较深，电弧稳定，熔化速度快，焊缝致密，略带凹度，飞溅稍大。适用于平焊、横角焊，不适宜焊薄板。焊接电源为交流或直流正接。

（10）铁粉氧化铁型药皮在氧化铁型的基础上添加了大量的铁粉。该型熔敷效率很高，适用于平焊和横角焊。焊接电源为交流或直流正接，可采用大电流焊接。

（11）低氢钠型药皮主要组成物是碳酸盐矿物和氟石，碱度较高。该型熔敷金属有良好的抗裂性能和力学性能。焊接工艺性能一般，焊波较粗，角焊缝略凸出，熔深适中，脱渣性较差。焊接时要求焊条干燥，采用短弧焊，可全位置焊接。焊接电源为直流反接。

（12）低氢钾型药皮在低氢钠型的基础上添加了钾水玻璃等稳弧剂。该型电弧稳定，工艺性能与焊接位置和低氢钠型相似，熔敷金属有良好的抗裂性能和力学性能。焊接电源为交流或直流反接。

（13）铁粉低氢型药皮在低氢钾、钠型的基础上添加了25%～40%的铁粉，使药皮较厚。该型熔敷效率较高，角焊缝较凸，适用于全位置焊接。焊接电源为交流或直流反接。

2. 酸性焊条和碱性焊条

尽管药皮有多种类型，但根据药皮熔化后的熔渣特性，可以分成酸性焊条和碱性焊条两类。这两类焊条的工艺性能、操作特点和焊缝质量有较大差异。

（1）酸性焊条。熔渣以酸性氧化物（SiO_2、TiO_2、Fe_2O_3）为主的焊条称为酸性焊条。例如：钛铁矿型、钛钙型、高钛型、氧化铁型和纤维素型焊条。酸性焊条具有较强的氧化性，促使合金元素氧化，同时电弧中的氧离子容易与氢离子结合，生成氢氧根离子，可防止氢气孔，所以这类焊条对铁锈、水不敏感。酸性熔渣脱氧不完全，同时不能有效地清除熔池中的硫、磷等杂质，故焊缝金属的力学性能较差。酸性焊条突出的特点是焊接工艺性能好，容易引弧，电弧稳定，脱渣性好，飞溅小，对弧长不敏感，焊前准备要求低，焊缝成形好，而且价格较低，广泛用于焊接低碳钢和不太重要的钢结构。

（2）碱性焊条。熔渣以碱性氧化物和氟化钙（CaO、CaF_2）为主的焊条称为碱性焊条。例如低氢钠、钾型焊条。碱性焊条脱氧性能好，合金元素烧损少，焊缝金属合金化效果较好。由于电弧中含氧量低，如遇到焊件或焊条存在铁锈和水分时，容易产生氢气孔。因此要求焊前清理干净焊件，同时在350～450℃温度下对焊条进行烘干。药皮中的氟石，在焊接过程中与氢化合生成氟化氢，具有去氢作用。但是氟石不利于电弧稳定，必须采用直流反极性进行焊接。若在药皮中加入稳定电弧的组成物碳酸钾等，便可使用交流电源。碱性焊条突出的特点是工艺性能差，引弧较困难，电弧稳定性差，飞溅较大，焊缝成形稍差，鱼鳞纹较粗，不易脱渣。但焊缝金属的力学性能和抗裂性均较好。可用于合金钢和重要的碳钢结构的焊接。

3. 焊条的分类及型号的编制方法

（1）焊条的分类。

原国家机械工业委员会在《焊接材料产品样本》中将焊条按用途划分为十大类：结构钢焊条（碳钢焊条和普通低合金钢焊条）；钼和铬钼耐热钢焊条；低温钢焊条；不锈钢焊条；堆焊焊条；铸铁焊条；镍及镍合金焊条；铜及铜合金焊条；铝及铝合金焊条；特殊用途焊条。

（2）焊条型号的编制方法。

① 非合金钢及细晶粒钢焊条。按GB/T5117—2012规定，非合金钢及细晶粒钢焊

条型号由五部分组成:
    a. 第一部分用字母"E"表示焊条。
    b. 第二部分为字母"E"后面的紧邻两位数字,表示熔敷金属的最小抗拉强度代号,单位为×10 MPa。
    c. 第三部分为字母"E"后面的第三和第四两位数字,表示药皮类型、焊接位置和电流类型,见表2-4-4。

表 2-4-4 非合金钢及细晶粒钢焊条药皮类型、焊接位置和电流类型代号

代号	药皮类型	焊接位置 [a]	电流类型
03	钛型	全位置 [b]	交流和直流正、反接
10	纤维素	全位置	直流反接
11	纤维素	全位置	交流和直流反接
12	金红石	全位置 [b]	交流和直流正接
13	金红石	全位置 [b]	交流和直流正、反接
14	金红石+铁粉	全位置 [b]	交流和直流正、反接
15	碱性	全位置 [b]	直流反接
16	碱性	全位置 [b]	交流和直流正
18	碱性+铁粉	全位置 [b]	交流和直流正
19	钛铁矿	全位置 [b]	交流和直流正、反接
20	氧化铁	PA、PB	交流和直流正接
24	金红石+铁粉	PA、PB	交流和直流正、反接
27	金红石+铁粉	PA、PB	交流和直流正、反接
28	碱性+铁粉	PA、PB、PC	交流和直流反接
40	不做规定	由制造商确定	
45	碱性	全位置	直流反接
48	碱性	全位置	交流和直流反接

  a 焊接位置见 GB/T 16672,其中=平焊、PB=平角焊、PC=横焊、PC=向下立焊;
  b 此处"全位置"并不一定包含向下立焊,由制造商确定。

d. 第四部分为熔敷金属的化学成分分类代号,可为"无标记"或短划"-"后的字母、数字或字母和数字的组合,见表2-4-5。

表2-4-5 非合金钢及细晶粒钢焊条熔敷金属的化学成分分类代号

分类代号	主要化学成分的名义含量（质量分数）%				
	Mn	Ni	Cr	Mo	Cu
无标记、-1、-P1、-P2	1.0	—	—	—	—
-1M3	—	—	—	0.5	—
-3M2	1.5	—	—	0.4	—
-3M3	1.5	—	—	0.5	—
-N1	—	0.5	—	—	—
-N2	—	1.0	—	—	—
-N3	—	1.5	—	—	—
-3N3	1.5	1.5	—	—	—
-N5	—	2.5	—	—	—
-N7	—	3.5	—	—	—
-N13	—	6.5	—	—	—
-N2M3	—	1.0	—	0.5	—
-NC	—	0.5	—	—	0.4
-CC	—	—	0.5	—	0.4
-NCC	—	0.2	0.6	—	0.5
-NCC1	—	0.6	0.6	—	0.5
-NCC2	—	0.3	0.2	—	0.5
-G	其他成分				

e. 第五部分为熔敷金属的化学成分代号之后的焊后状态代号,其中"无标记"表示焊态,"P"表示热处理状态,"AP"表示焊态和焊后热处理两种状态均可。

除以上强制分类代号外,根据供需双方协商,可在型号后依次附加可选代号:

a. 字母"U",表示在规定试验温度下,冲击吸收能量可以达到47 J以上。

b. 扩散氢代号"HX",其中 A 代表15、10 或 5,分别表示每100 g 熔敷金属中扩散氢含量的最大值(mL)。

示例1：E5515-N5PUH10

E：表示焊条；

55：表示熔敷金属抗拉强度最小值为550 MPa；

15：表示药皮类型为碱性,适用于全位置焊接,采用直流反接；

N5：表示熔敷金属化学成分分类代号；
P：表示焊后状态代号，此处表示热处理状态；
U：可选附加代号，表示在规定温度下，冲击吸收能量 47 J 以上；
H10：可选附加代号，表示熔敷金属扩散氢含量不大于 10 mL/100 g。

示例 2：E4303
E：表示焊条；
43：表示熔敷金属抗拉强度最小值为 430 MPa；
03：表示药皮类型为钛型，适用于全位置焊接，采用交流或直流正反接。

② 热强钢焊条。按 GB/T5118—2012 规定热强钢焊条型号由四部分组成：

a. 第一部分用字母"E"表示焊条。

b. 第二部分为字母"E"后面的紧邻两位数字，表示熔敷金属的最小抗拉强度代号，单位为 ×10 MPa。

c. 第三部分为字母"E"后面的第三和第四两位数字，表示药皮类型、焊接位置和电流类型，见表 2-4-6。

表 2-4-6　热强钢焊条药皮类型、焊接位置和电流类型代号

代号	药皮类型	焊接位置[a]	电流类型
03	钛型	全位置[a]	交流和直流正、反接
10[b]	纤维素	全位置	直流反接
11[b]	纤维素	全位置	交流和直流反接
13	金红石	全位置[a]	交流和直流正、反接
15	碱性	全位置[a]	直流反接
16	碱性	全位置[a]	交流和直流反接
18	碱性+铁粉	全位置（PG 除外）	交流和直流反接
19[b]	钛铁矿	全位置[a]	交流和直流正、反接
20[b]	氧化铁	PA、PB	交流和直流反接
27[b]	氧化铁+铁粉	PA、PB	交流和直流反接
40	不做规定	由制造商确定	

a　焊接位置见 GB/T 16672，其中 PA＝平焊、PB＝平角焊、PG＝向下立焊；
b　焊接于熔敷金属化学成分代号 1M3；
c　此处"全位置"并一定包含向下立焊，由制造商确定。

d. 第四部分为短划"-"后的字母、数字或字母和数字的组合,表示熔敷金属的化学成分分类代号,见表2-4-7。

表2-4-7 热强钢焊条熔敷金属的化学成分分类代号

分类代号	主要化学成分的名义含量
-1M3	此类焊条中含有Mo,Mo是在非合金钢焊条基础上的唯一添加合金元素,数字1约等于名义上Mn含量两倍的整数,字母"M"表示Mo,数字3表示Mo的名义含量,大约0.5%。
-XCXMX	对于含铬-钼的热强钢,标识"C"前的整数表示Cr的名义含量,"M"前的整数表示Mo的名义含量。对于Cr或者Mo,如果名义含量少于1%,则字母前不标记数字。如果在Cr和Mo之外还加入了W、V、B、Nb等合金成分,则按照此顺序,加于铬和钼标记之后。标识末尾的"L"表示含碳量较低。最后一个字母后的数字表示成分有所改变。
-G	其他成分

除以上强制分类代号外,根据供需双方协商,可在型号后附加扩散氢代号"HX",其中X代表15、10或5,分别表示每100 g熔敷金属中扩散氢含量的最大值(mL)。

示例:E6215-2C1MH10

E:表示焊条;

62:表示熔敷金属抗拉强度最小值为620 MPa;

15:表示药皮类型为碱性,适用于全位置焊接,采用直流反接;

2C1M:表示熔敷金属化学成分分类代号;

H10:可选附加代号,表示熔敷金属扩散氢含量不大于10 mL/100 g。

任务 5　横对接焊

【技能点】

☆ 掌握横对接焊的操作技能；
☆ 掌握单面焊双面成形的操作技能；
☆ 掌握多层多道焊的焊接技能。

【知识点】

☆ 焊接接头形式和焊缝形式；
☆ 焊接工艺参数；
☆ 电源极性。

任务提出

横对接焊是指对接接头焊件处于垂直或倾斜而接口处于水平位置时的焊接操作，如图 2-5-1 所示。

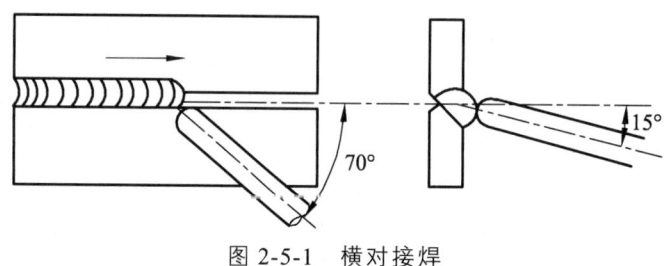

图 2-5-1　横对接焊

任务分析

横对接焊时，熔化金属在自重的作用下容易下淌，并且在焊缝的上侧易出现咬边，下侧易出现下坠而造成未熔合和焊瘤等焊接缺陷。因此，为克服重力的影响，避免缺陷的产生，应采用较小直径焊条、较小的焊接电流和多层多道焊等工艺措施，同时运用短弧操作方法。

相关知识

横对接焊根据钢板的厚度不同分为不开坡口双面焊、开坡口多层焊或多层多道焊。

一、不开坡口

当焊件厚度小于 6 mm 时，一般不开坡口，可采取双面焊。

（1）正面焊缝的焊接可通过留有适当的间隙（1～2 mm）得到一定的熔透深度，采取两层焊。

第一层焊道宜用直线往复运条法。选择小直径焊条，借助电弧的吹力托住熔化金属，防止其下淌。焊条角度如图 2-5-1 所示。

第二层焊道（即盖面焊缝）可采用多道焊作为修饰焊缝。一般堆焊三条焊道：第一条焊道应该紧靠在第一层焊道的下边缘施焊，第二条焊道覆盖第一条焊道 1/2～2/3 的宽度，第三条焊道覆盖第二条焊道约 1/2 的宽度，尤其第三条焊道要与母材圆滑过渡，以防止咬边缺陷。最好其焊道能窄而薄些，所用焊条的直径要小些，运条速度要快些，焊接电流要小些，并用直线或直线往复运条法进行焊接。

（2）背面封底焊焊前要清理干净根部的熔渣。为保证有一定的熔透深度，与正面焊缝良好熔合，选用小直径的焊条，调节稍大些的焊接电流，采用直线运条法，用一条焊道完成背面的封底焊接。

二、较厚焊件的坡口形式

当焊件较厚时，一般采用 V 形坡口、单边 V 形坡口和双单边 V 形坡口。

横对接焊时的坡口特点是下面的焊件不开坡口或坡口角度小于上面的焊件，这样有助于表面熔化金属下淌及焊缝成形。

对于开坡口横对接焊，可采用多层焊或多层多道焊，其焊道排列如图 2-5-2 所示。

（1）多层焊时，焊接第一层焊道可选择小直径焊条。若坡口根部间隙较小，采用直线运条法；若坡口根部间隙较大，采用直线往复运条法。以后各层焊道可根据板厚选择直径为 3.2 mm 或 4.0 mm 的焊条，采用直线形、直线往复形或斜圆圈形运条法。

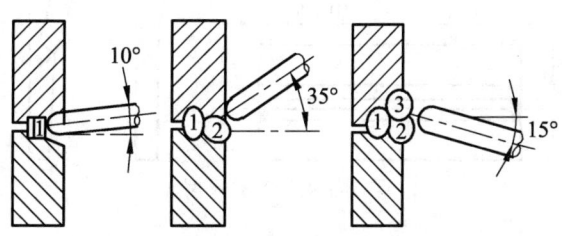

图 2-5-2　焊道排列及焊条倾角

斜圆圈形运条时，应保持较短的焊接电弧和有规律的运条节奏。每个斜圆圈与焊缝中心的斜度不大于45°，当焊条运动到斜圆圈上面时，电弧应短些并稍停片刻，使较多的熔敷金属过渡到焊道中（以防咬边）。然后焊条缓缓地将电弧引到焊道下边并稍稍向前移动（防止下淌的熔化金属堆积），紧接着再把电弧运动到斜圆圈的上面（只运条不焊接）。如此反复循环（见图 2-5-3），焊接过程中要保持熔池之间的搭接在 1/2 ~ 2/3 范围内。

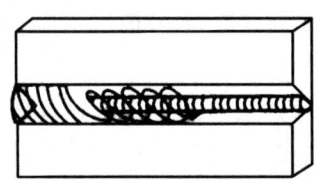

图 2-5-3　开坡口对接横焊时的斜圆圈形运条法

（2）多层多道焊接时，焊条角度应根据各焊道的位置适时进行改变，如图 2-5-2 所示，并保持各焊道之间的搭接量，始终短弧、匀速直线运条，以获得较好的焊缝成形。

任务实施

下面通过模拟 V 形坡口横对接焊的技能训练，掌握横对接焊填充层、盖面层焊接的操作要领。

一、焊前准备

（1）焊件：Q235 钢板，长×宽×厚为 300 mm×100 mm×12 mm，每组两块。
（2）焊条：E4303 型或 E5015 型，直径为 3.2 mm 和 4.0 mm。
（3）装配及定位焊：清理焊件上的铁锈和污物并找平，将两块钢板的端面组对成模拟 V 形坡口，留出间隙在焊件两端进行定位焊，其装配尺寸见图 2-5-4。

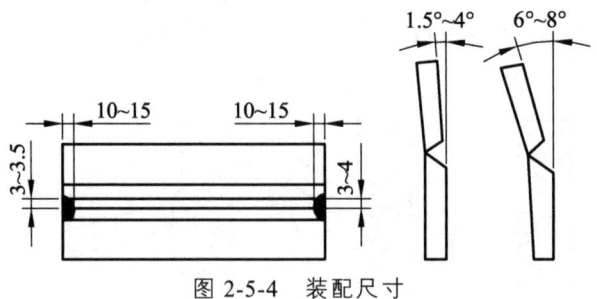

图 2-5-4　装配尺寸

二、焊　接

1. 横焊焊接工艺参数

横焊焊接工艺参数参考表见表 2-5-1。

表 2-5-1　横焊焊接工艺参数参考表

焊接层数	运条方法	焊条直径/mm	焊接电流/A
第一层焊道（打底）	直线或锯齿形运条方法	3.2	60~80
第二层焊道（填充）	月牙或锯齿形运条方法	3.2~4.0	120~180（根据焊机额定电流）
第三层焊道（盖面）	锯齿形运条方法	3.2~4.0	110~170（根据焊机额定电流）

2. 焊接第一层焊道

开坡口横对接焊的操作，对于初学者应先熟知填充焊、盖面焊的操作要领后，再进行打底焊训练。因此，采用直线往复运条法焊接第一层焊道。

开始焊接时，在定位焊缝处引弧，稍加预热，低压电弧在坡口根部作直线往复运条。当形成熔池后焊条稍向前移动 3~5 mm，这样借助焊条向前移动的间隙，使所形成的熔池得以冷却，再马上返回到熔池的 2/3 处熔焊，形成熔池后再向前移动（往返运条的频率要根据熔化状况进行适当的调节），如此反复运条完成第一层焊道的焊接。

3. 焊接填充层

焊道填充层采取两层三道焊。填充层施焊前，先将第一层焊道的熔渣及飞溅物清理干净，并适当调大焊接电流，以避免产生夹渣、未熔合等缺陷。

焊第一层填充焊道时，焊条下倾约 10°，与前进方向成 75°~80° 的夹角，采用直线运条单层单道焊，保证与坡口面良好熔合，焊道表面平整。第二层填充焊有两条焊道，其焊道分布及焊条角度如图 2-5-5 所示。

施焊第二层下面的填充焊道时，电弧对准第一层填充焊道的下沿，做小斜圆圈形摆动，使熔池能覆盖前一层焊道的 1/2~2/3。

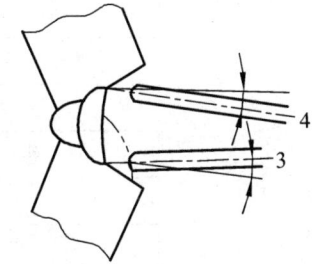

图 2-5-5　焊道分布及焊条角度

施焊第二层上面的填充焊道时，电弧对准第一层填充焊道的上沿，做直线运动。

填充层焊完后，应使其表面距下坡口棱边约 1.5 mm，距上坡口棱边约 0.5 mm，若填充层焊道有凸凹处，应在盖面焊前予以补平，为盖面层施焊打好基础。

4. 盖面焊

采取 3~4 条焊道依次从下往上堆焊，焊条与焊件的角度如图 2-5-6 所示。

施焊时，采用直线形运条法，焊条作微微向前移动，运条速度要均匀，短弧焊接。焊接最下面盖面焊道时，注意观察熔池的下边缘，只要熔化了坡口棱边就向前运条，以保证焊道与焊件下表面形成圆滑过渡的焊缝。且每条焊道要覆盖前一条焊道 1/3~1/2，上面焊道运条速度应稍快些，焊道尽可能细、薄一些，可避免出现咬边缺陷，有利于焊道与焊件上表面圆滑过渡。盖面焊缝的实际宽度以覆盖上、下坡口边缘各 1.5~2 mm 为宜。

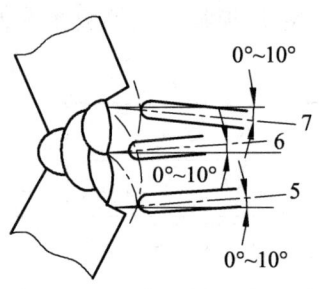

图 2-5-6 焊条与焊件的角度

任务评价

评分标准见表 2-5-2。

表 2-5-2 V 形坡口横对接焊评分标准表

考核项目	考核内容及要求	配分	考核标准	得分
焊缝质量	正面焊缝余高 $h \leqslant 3$ mm	10	超差不得分	
	背面焊缝余高 $h \leqslant 2$ mm	10	超差不得分	
	正面焊缝余高差 $h \leqslant 2$ mm	10	超差不得分	
	正面焊缝没侧比坡口增宽 $\leqslant 2.5$ mm	5	超差不得分	
	焊缝宽度差 $\leqslant 2$ mm	5	超差不得分	
	焊缝边缘直线度误差 $\leqslant 2$ mm	10	超差不得分	
	焊后角变形 $\alpha \leqslant 2°$	5	超差不得分	
	咬边缺陷深度 $\leqslant 0.5$ mm	5	超差不得分	
	无未焊透	5	出现不得分	
	错边量 $\leqslant 1$ mm	5	超差不得分	
	无焊瘤	5	出现不得分	
	无气孔	5	出现不得分	
	焊缝表面波纹均匀成形美观	10	根据成形酌情扣分	
安全文明生产	符合焊工安全文明生产规范	10	视违规情况扣分	
指导老师意见		总分		

注：① 正、反两面满分为 100 分，评分后除以 2 为实际得分。
② 焊缝未盖面、焊缝表面及根部已修补或试件做舞弊标记则该单项作 0 分处理。
③ 凡焊缝表面有裂纹、夹渣、未熔合、焊瘤等缺陷之一的，该试件外观为 0 分。
④ 焊缝需沿一个方向焊接，两个方向焊接外观为 0 分。

思考与练习

（1）横焊件开坡口有什么特点？
（2）横位单面焊双面成形操作有什么特点？
（3）裂纹产生的原因及防止的措施？
（4）未焊透产生的原因及防止措施？
（5）气孔的种类有哪些？有哪些划分方式？
（6）未熔合产生的原因及防止的措施？

知识拓展

一、焊接缺欠概述

焊接技术作为一种十分重要的工艺手段，在民用核安全设备的制造过程中得到了广泛应用。但是，由于焊接工艺的特殊性，焊接缺欠的多样性、易发性和隐蔽性直接影响到焊接结构的安全使用。焊接缺欠是指"焊接过程中在焊接接头中产生的金属不连续、不致密或连接不良的现象。焊接缺欠的种类、数量及尺寸是决定焊接产品最终质量首要的、关键的因素。掌握各类焊接缺欠的形成条件及其影响因素，有针对性地制定合理的焊接工艺，在产品制造过程中严格执行工艺纪律，是防止焊接缺欠、提高产品质量的根本途径。焊接质量控制和质量保证最终目的也就是为了在生产过程中避免或减少焊接缺欠的发生，尽可能及时发现焊接接头中的各种缺欠，从而使焊件质量最大限度地得到保证。焊接缺欠的类型和分类方法很多，按照它在焊接接头中的位置，可分为内部缺欠及外部缺欠两类。外部缺欠位于焊缝外表面，用肉眼或低倍放大镜就可以看到，如焊缝尺寸不符合要求、咬边、焊瘤、凹坑（包括弧坑）、塌陷、烧穿以及表面气孔、表面裂纹等；内部缺欠位于焊缝内部，这类缺陷可用无损检测或破坏性检验的方法来发现，如未焊透、未熔合、夹渣以及内部气孔、内部裂纹等。焊接缺陷还可按照其形成的主要原因分成三大类。如图 2-5-7 所示。

在 GB/T 6417.1—2005《金属熔化焊接头缺欠分类及说明》将焊接缺欠分为六大类，即裂纹、孔穴、固体夹杂、未熔合及未焊透、形状和尺寸不良和其他缺陷。每种缺欠又可根据其位置和状态进行分类。

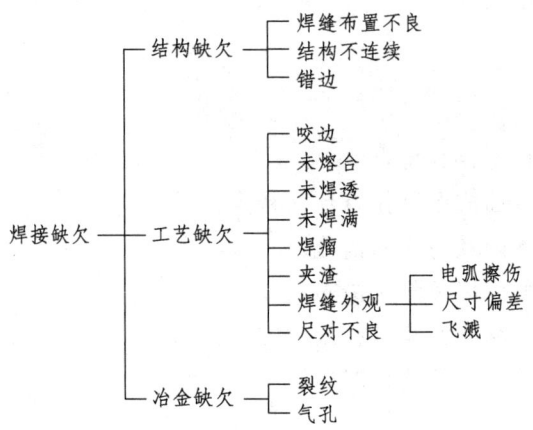

图 2-5-7　按照焊接缺陷形成的主要原因分类图

二、焊接缺欠产生的原因及其危害

焊接是一个快速加热和冷却的过程，影响焊接缺欠产生的因素是错综复杂的，其中除了焊工技能是重要因素外，还包括材料、结构、冶金和工艺因素。生产实践表明，焊接缺欠越大、越长、越接近表面或越密集，对焊接结构的安全性影响就越大。

1. 焊缝形状缺欠

一般来说，焊缝形状缺欠是指焊缝外观的几何形状发生突变，如焊缝外表形状高低不平，波形粗劣；焊缝宽度不齐，太宽或太窄；焊缝余高过高或高低；角焊缝焊脚尺寸不均等，这类缺欠可以通过外观检查发现，可采用修磨补焊方法消除。

（1）焊缝尺寸不符合要求。

焊缝尺寸不符合要求一般是指焊缝的几何尺寸不符合施工图纸或技术标准的规定。如图 2-5-8 所示。

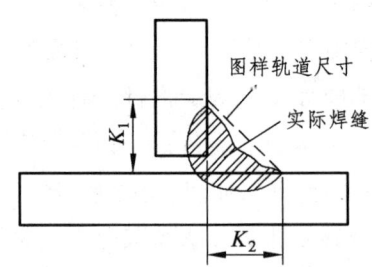

图 2-5-8　焊缝尺寸不符合要求

焊缝尺寸不符合要求主要与焊工不明确尺寸和工艺要求有关，如焊接坡口角度不当或装配间隙不均匀、焊接电流过大或过小、焊接速度不当、埋弧焊焊接参数不当等；其次与焊工操作技术有关，如手工焊时横向摆动不均匀、焊接速度不稳定、运条手法不正确，焊条角度、焊缝尺寸过小会使承载截面变小，降低结构承载能力；焊缝尺寸过大，不仅浪费焊接材料和工时，还会削弱结构承受动载的能力。

（2）咬边。

咬边指由于焊接参数选择不当或操作方法不正确，母材部位产生的沟槽或凹陷。如图 2-5-9 所示。

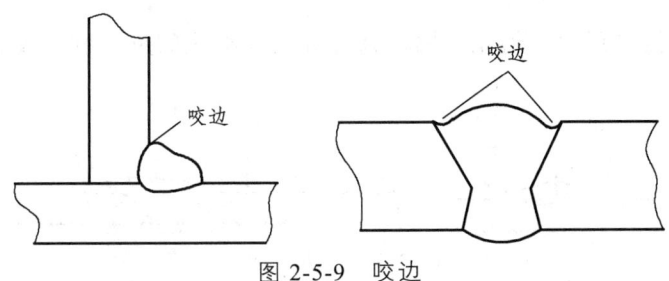

图 2-5-9　咬边

咬边产生的主要原因是：

① 焊接参数不合适：焊接电流过大；电弧电压过高；焊接速度太慢等。

② 电弧偏吹：电弧偏吹破坏电弧稳定性，使电弧偏离理想焊道，形成咬边。

③ 操作技术不熟练：电弧长度稳定性差；焊条或焊枪角度不正确；摆动不当。

④ 焊接位置对咬边的影响：不同焊接位置产生咬边的可能性不同。一般来说，立焊、仰焊位置产生咬边的可能性较大，横角焊缝上焊趾处也易产生咬边，船形焊产生咬边的可能性最小。

⑤ 埋弧焊时焊接速度过大。咬边不仅减弱了母材的有效面积，降低了焊接接头的强度，而且在咬边处形成应力集中，承载后有可能在咬边处产生裂纹。

（3）下塌与烧穿。

下塌是指单面熔焊时，由于焊接工艺不当，造成焊缝金属过量透过背面，而使焊缝正面塌陷，从背面凸起的现象，如图 2-5-10（a）所示。

烧穿是指在焊接过程中，熔化金属自坡口背面流出的现象，形成穿孔的缺陷现象，如图 2-5-10（b）所示。

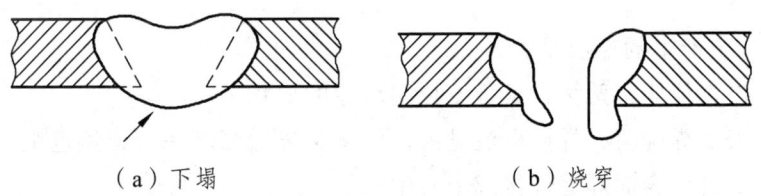

（a）下塌　　　　　　　（b）烧穿

图 2-5-10　下塌和烧穿

下塌和烧穿产生的原因：

① 焊接参数不当：焊条或焊丝直径选择不当；焊接电流过大；焊接速度太慢；坡

口间隙太大等。

② 焊接方法和设备选择不正确。

③ 操作技术不熟练：焊接速度不均匀；电弧停顿时间长短不一；电弧移动不到位等。下塌和烧穿是埋弧焊和电弧焊中常见的一种缺欠。前者削弱了焊接接头的承载能力；后者则可能使焊接接头完全失去了承载能力，是一种绝对不允许存在的缺陷。

（4）焊瘤。

焊瘤是指焊接过程中，熔化金属流到焊缝之外未化的母上所形成的金属瘤，如图2-5-11所示。

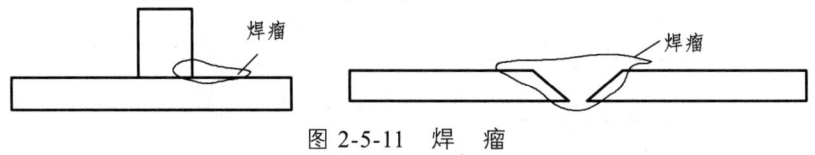

图 2-5-11 焊 瘤

焊瘤产生的原因：

① 焊接区域不洁净，使局部区域母材熔化不充分而形成焊瘤。

② 操作不当（如焊条摆动角度不正确）使局部母材未能熔化，形成焊瘤。焊瘤会引起焊缝几何形状突变而产生应力集中；伴随出现未熔合、未焊透等缺欠；在管子内部时影响流通截面。

（5）凹坑与弧坑。

凹坑是指焊后在焊继表面或焊缝背面形成的低于母材表面的局部低注部分，如图2-5-12（a）所示。弧坑也是凹坑的一种，它是指弧焊时，由于断弧或收弧不当，在焊道末端形成低于母材表面的凹陷现象。如图2-5-12（b）所示。

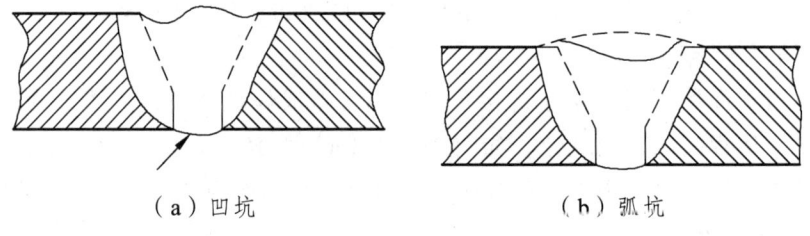

（a）凹坑　　　　　　　　（b）弧坑

图 2-5-12 凹坑与弧坑示意图

凹坑与弧坑产生的原因是：

① 焊工操作技能不熟练，不善于控制熔池的形状

② 焊接表面焊缝时，焊接电流过大，焊条又未适当摆动，熄弧过快。

③ 过早地进行表面焊缝焊接或中心偏移等。

④ 收弧或断弧处停留时间过短，或未采取适当地收弧措施，缺乏足够的填充金属。凹坑与弧坑都使焊缝的有效端面被削弱，降低了焊缝的承载能力，并因冶金反应不充分而产生偏析现象，同时往往伴随着气孔、夹渣及裂纹等缺陷出现。

（6）未焊透与未熔合。

未焊透和未熔合都是焊接接头结合不完全的现象，既可能出现在接头根部或焊缝表面，也可能出现在接头中间而无法直接观察到。未焊透直接减小接头的有效面积，降低了焊缝的承载能力，并易在根部尖角处产生较大的应力集中，诱发产生裂纹，是一种危害性较大的缺陷。未焊透是指焊接时接头根部未完全熔透的现象，对于对接焊缝也是指焊缝深度未达到设计要求的现象。如图 2-5-13 所示。

产生未焊透的原因：

① 接头尺寸不恰当：坡口角度太小、间隙过小、预留钝边太大等。

② 焊接参数不当：焊条直径过大，焊接电流过小，焊接速度太快等。

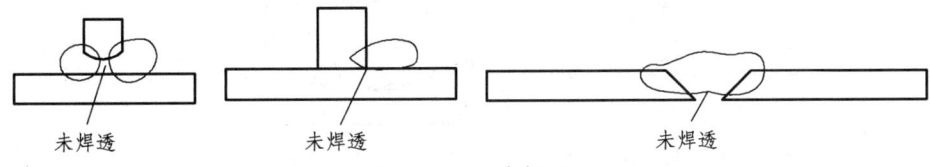

图 2-5-13 未焊透

③ 操作不当，如电弧偏离焊道中心、焊条或焊枪角度不正确等。

未熔合是指"熔焊时，焊道与母材之间或焊道与焊道之间未完全熔化结合的部分，如图 2-5-14 所示。一般情况下的未熔合多为面性缺陷，易产生很大的应力集中，其力学性能近似于裂纹，因而危险性较大。同时，未熔合的检验难度较高，使其危害程度也加大。

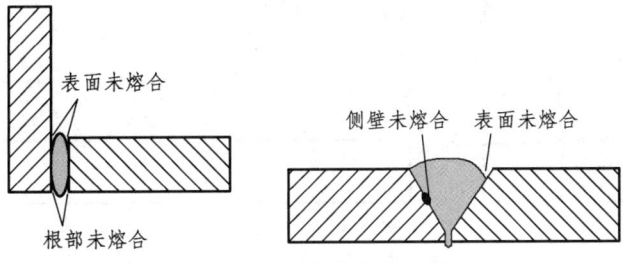

图 2-5-14 未熔合示意图

未熔合产生的原因是：

① 焊接参数不恰当：焊接电流过小，焊接速度过快，电弧电压过高等。

② 焊接区域存在难熔的氧化皮或其他杂质，影响母材或焊道金属的正常熔化。

③ 操作技术欠缺，如焊条或焊枪摆动角度偏离正常位置，焊道布置不合理形成较深沟槽等。

（7）气孔。

气孔是指焊接时，熔池中的气泡在凝固时未能逸出而残留下来所形成的空穴。气孔会减少焊缝的有效面积，降低了焊缝的承载能力，造成应力集中；当与其他缺陷构成贯穿性缺陷时会破坏焊缝的致密性；连续气孔是导致结构破断的重要原因。

气孔种类可有以下几种：

① 根据气孔存在的位置，可将气孔分为内部气孔（存在于焊缝内部）和外部气孔（开口于焊缝表面的气孔）。如图 2-5-15（a）所示。
② 根据气孔的分布状态及数量，可将气孔分为疏散气孔、密集气孔和连续气孔。
③ 根据气孔形状，可将气孔分条虫状气孔和针状气孔等。如图 2-5-15（b）所示。
④ 按产生气孔的气体种类不同，可将气孔分为氢气孔、一氧化碳气孔、氮气孔等。

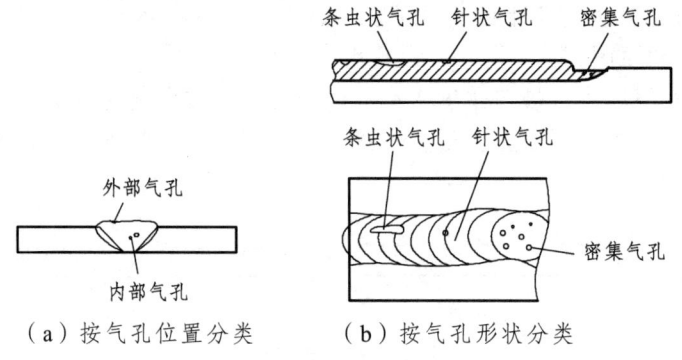

图 2-5-15 气孔的分类

（8）夹渣。

夹渣是指焊后残留在焊缝中的焊渣，如图 2-5-16 所示。其中分为金属夹渣和非金属夹渣两种。夹渣的几何形状不规则，往往存在棱角或尖角，易造成应力集中，常在裂纹的起角时夹渣也削弱了焊缝的有效面积，减低了焊缝的力学性能，易使焊接结构在承载时受损，因此夹渣的危害性较之气孔更大。

图 2-5-16 夹渣

夹渣产生的原因：
① 焊接参数不适当焊接电流过小，焊接速度过快等。
② 坡口形状不规则或过于窄小。
③ 焊件边缘或多层焊时，清渣不彻底。
④ 操作技术不熟练，如焊条电弧焊时运条不当造成熔渣与铁水分离不清等。

（9）裂纹。

焊接裂纹是指在焊接应力及其他致脆因素共同作用下，焊接接头中焊缝或热影响区局部的金属原子结合力遭到破坏而形成的新界面所产生的缝隙。在焊接生产中出现的裂纹形式是多种多样的，有的裂纹出现在焊缝表面，肉眼就能观到；有的隐藏在焊缝内部，不通过探伤检查就不能发现。有的产生在焊缝中；有的则产生在热影响区中。

如图 2-5-17 所示。由于焊接裂纹具有尖锐的缺口和大的长宽比的特点,易引起强烈的应力集中,并具有扩展延伸的趋势,导致结构破断,是所有缺陷中最危险的。

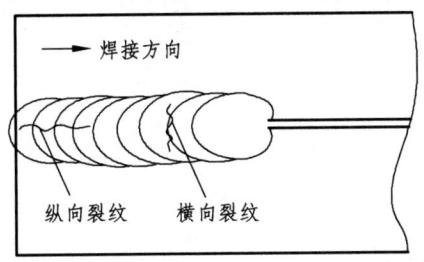

(a)纵向裂纹和横向裂纹

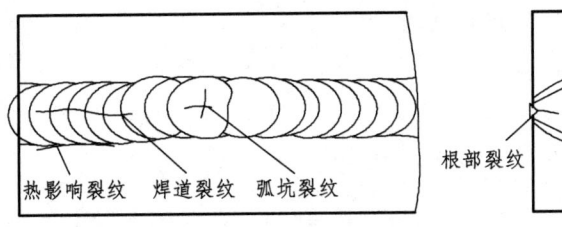

(b)不同位置的裂纹

图 2-5-17 裂 纹

任务 6 仰对接焊

【技能点】

☆ 掌握仰对接焊的操作技能；
☆ 掌握多层多道焊成形的操作技能。
☆ 掌握多层多道焊的焊接技能。

【知识点】

☆ 焊接接头形式和焊缝形式；
☆ 焊接工艺参数；
☆ 电源极性。

任务提出

先经过仰对接焊的训练，熟悉了运条方法在仰焊时的运用时，再进行仰焊的操作。

任务分析

在焊接过程中，焊接熔池容易向下流，所以在焊接时应采用多层多道焊，采用斜圆圈运条方法焊接。

相关知识

一、焊接应力与变形的一些基本概念

1. 应力和内应力

当物体受到外力作用时，物体内部产生一种与外力平衡的抗力，单位面积上的抗力就称为应力。应力根据其作用的方向分为压应力和拉应力，这种应力往往随外力去除而消失。

内应力是在没有外力作用下产生于物体内部的应力。这种应力存在于许多工程结构中，如铆接结构、铸造结构、焊接结构等。同时在焊件加工过程中也会产生内应力，如机械加工、金属切割和焊接等。

2. 焊接应力和焊接残余内应力

顾名思义，焊接应力就是因焊接而产生的存在焊件内的内应力。焊接应力根据其产生的主要原因分为：温度应力（又称为热应力）和组织应力（又称为相变应力）。热应力是由于构件受热不均匀而存在着温度差异，各处膨胀变形或收缩变形不一致，互相约束而产生的内力。

在焊接过程中，由于不均匀的局部加热和冷却会形成较大的热应力。组织应力是由于相变引起体积变化并受到约束而产生的内应力。在焊接过程中，热应力和组织应力是一种瞬态应力，随焊接过程而变化。如果应力低于金属材料的屈服强度，变形均在弹性范围内，焊件冷却到室温后，应力将随之消失；反之如果焊接达到金属材料的屈服点，材料将发生局部塑性变形，那么当焊件冷却到室温后，焊件中就存在残存的应力，这种应力称为焊接残余内应力。我们通常所说的焊接应力一般指焊接残余内应力。

3. 变形及焊接变形

任何物体在外力或热作用下都会产生形状和尺寸变化，这种现象称为变形。当变形在外力去除后能恢复到原来的形状和尺寸的变形称为弹性变形；当外力去除后仍然存在，这种永久性的变形称为塑性变形。

焊接变形是由于焊接的热应力或组织应力而引起的变形。焊接过程中，焊件在热源作用下温度受热膨胀，热源移开后焊件冷却收缩，这种膨胀和收缩是焊接过程中的瞬态变形；与此同时，焊接冷却过程中的凝固和结晶过程也会造成膨胀或收缩。当这种膨胀和收缩在不均匀加热、约束等多种因素相互作用下，会导致焊件焊接后的尺寸收缩、弯曲和翘曲变形，这些变形都是焊接残余变形。我们一般讲的焊接变形都是指焊接残余变形。

二、焊接应力与变形产生的原因

根本原因是焊接过程的加热和冷却受到周围冷金属的约束，不能自由膨胀和收缩。例如：

（1）长板条中心加热（类似于堆焊）引起的应力与变形。

（2）长板条一侧加热（相当于板边堆焊）引起的应力与变形。

> 任务实施

仰对接焊是焊条位于焊件下方，焊工仰视焊件所进行的焊接。仰对接焊是各种焊接位置中，操作难度最大的焊接位置。由于熔池倒悬在焊件下面，受重力作用而下坠；同时熔滴自身的重力不利于它过渡；并且熔池温度越高，表面张力越小，所以仰对接焊时焊缝背面易产生凹陷，正面易出现焊瘤，焊缝成形较为困难。

仰对接焊时由于熔池倒悬在焊件下面，没有固体金属的承托，使焊缝难以成形。操作时，靠充分利用电弧吹力和等离子流力的同时，保持最短的电弧长度，使熔滴在很短的时间内过渡到熔池中，又在表面张力的作用下与熔池的液态金属汇合，以保证焊缝成形。因此，仰对接焊是以短路过渡形式过渡。在仰对接焊过程中，熔滴金属的重力将阻碍熔滴向熔池中过渡，所以，只有克服熔滴金属重力的不利影响，才能使熔滴顺利过渡到熔池中去。通过选用小直径焊条、采用小电流、短弧操作等措施来减小熔滴尺寸，以克服熔滴重力的影响，同时在表面张力和电磁收缩力的共同作用下，使溶滴金属在很短的时间内由焊条过渡到熔池中去，使焊缝成形。

一、焊前准备

（1）焊件：Q235 钢板，长×宽×厚为 300 mm×100 mm×12 mm，每组两块。

（2）焊条：E4303 型两种，直径 3.2 mm、4.0 mm；使用 E5015 型两种，应烘焙至 350~450 ℃，并保温 2 h，随用随去，直径为 3.2 mm 和 4.0 mm。

（3）焊接设备：WS-400   TIG-400 型逆变直流弧焊机

二、操作要领

1. 试件打磨及清理

使用角向磨光机将试件两侧坡口面及坡口边缘各 20~30 mm 范围内的油、污、锈清除干净，使之呈现金属光泽。

2. 试件组对及定位焊

将打磨好的试件装配成 Y 形坡口的对接接头，坡口钝边量为 0.5~1.0 mm，错边量不大于 0.5 mm，装配间隙的始焊端为 3.2 mm、终焊端为 4 mm。终焊端间隙放大的目的是克服试件在焊接过程中，由于焊缝的横向收缩而使焊缝间隙变小，从而影响背面焊缝质量。

装配好试件后，在焊缝的始焊端和终焊端 20 mm 范围内，用 ϕ3.2 mm 的焊条定位焊，定位焊缝长度为 10~15 mm（定位缝焊在坡口正面或背面），定位焊缝厚度为 3~4 mm，如图 2-6-1 所示。定位焊缝质量要求与正式焊缝一样。

试板定位后,要做反变形处理。对于 12 mm 厚的钢板,反变形角一般为 2°~3°,如图 2-6-2 所示。装配好的试件,将其装卡在一定的高度的架子上进行焊接。

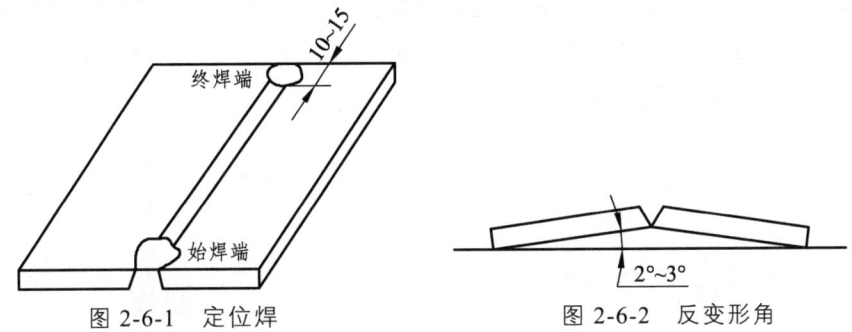

图 2-6-1 定位焊　　　　　　图 2-6-2 反变形角

3. 焊接操作

(1) 打底层。

① 灭弧法焊接。

a. 引弧。采用直击法或划擦法均可。在试件始焊端距端部 10~15 mm 处坡口内引弧。引燃电弧后,将电弧拉到始焊处,适当拉长电弧并使焊条与焊接方向呈 45°水平夹角进行预热,目的是只能使电弧预热试件,熔滴不向焊件坡口中过渡,这样既达得预热目的,又使坡口内清洁,防止由于母材温度低,熔滴直接送进后会产生气孔,也避免产生电弧偏吹,影响焊接质量。当坡口待焊处出现类似"水珠"状铁滴时,迅速将电弧压入坡口根部,当听到"噗"击穿声后再适当停顿,以保证接头完全覆盖前一个熔池。待弧长达到正常的长度时,迅速提起焊条。

b. 接头。在更换焊条时进行中间焊接,接头的方法有热接和冷接两种,无论采用哪种方法都应该先利用进行预热后再焊接。

热接接头的过渡较平整,可避免接头脱节和未接上等缺陷,此方法与始焊引弧方法相同,要求更换焊条时间越短越好。

冷接头焊前,先将收弧处焊缝打磨成缓坡状,然后按热接法的引弧方法进行焊接。

如采用热接法接头时,换焊条的速度要快,在收弧熔池还没有完全冷却时,立即在熔池后 10~15 mm 处引弧。当电弧移至收弧熔池边缘时,将焊条向上顶,听到击穿声,稍作停顿,然后灭弧。接下来再给两滴铁液,以保证接头过渡平整,然后恢复原来的断弧焊法。

c. 运条方法。天弧位置要始终保持在坡口根部熔孔一侧,再次引弧时在坡口根部熔孔另侧接弧。引弧方法均采取直击法,引弧后把电弧直接压到坡口根部,燃弧、熄弧的频率要快、位置要准,一般燃弧时间为 0.6 s 左右,平均每分钟 60~70 次,使熔池小而薄。燃弧中焊条不能拉动。如果稍作拉动,使电弧停留时间变长,电弧的高温将会降低熔池的表面张力,而引起铁液下坠,造成背面回嘴。熄弧时要迅速向前熄弧,如果在熔池后边熄弧，电弧将会对熔池继续加热，产生熔池下坠，造成背面凹陷。

d. 焊条角度。在施焊中焊条与焊接反方向夹角一般为 70°~80°，焊条与两侧夹角各为 90°，如图 2-6-3 所示。这样便于电弧把熔滴送入背面，也不再加热已经成形的熔池。焊条角度与运条方法也应根据间隙的不同适当变化，如果间隙小，采用一点击穿法；如果间隙大，采用两点击穿法。

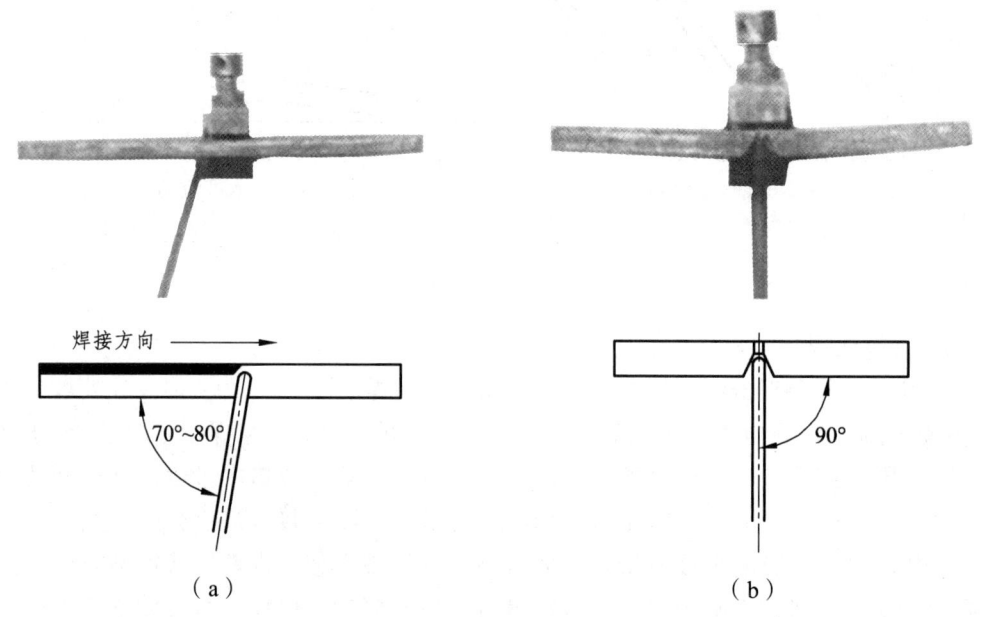

图 2-6-3 焊条角度

e. 焊接电流。由于不断引燃和熄灭电弧，只有保证引弧容易、引弧的位置准确才能保证焊接的正常进行，因此，必须采用稍微大些的焊接电流。

更换焊条时要注意提高燃弧、灭弧的频率以填满弧坑，使熔池饱满，防止产生缩孔和火口裂纹。

② 连弧法焊接。

a. 引弧。在试板始焊端定位焊缝上引弧、稍加停留，以利用电弧的温度预热母材，然后压低电弧连续焊至坡口间隙处，并将焊条向上给送，待坡口根部形成熔孔时，转入正常焊接。

b. 运条方法。仰焊时要尽量压低电弧，利用电弧吹力将熔滴在熔孔处送入坡口背面，使电弧始终正对熔孔，完全在背面燃烧，并采用小幅度锯齿形摆动，在坡口两侧稍作停留，保证焊缝根部焊透、与两侧熔合良好。横向摆动幅度要控制在 1 mm 左右，摆幅大小和前进速度要均匀，停顿时间比其他焊接位置稍短些，使熔池尽可能小而薄，以防止由于熔池过热使熔池金属下坠，造成焊缝背面下凹，正面出现夹角或焊瘤。

c. 收弧。每当焊完一根焊条将要收弧时,应使焊条向试件的左或右侧回拉 10~15 mm,并迅速提高焊条熄弧,使熔池逐渐减小,填满弧坑并形成缓坡,以避免在弧坑处产生缩孔和收缩裂纹等缺陷,并有利于下根焊条的接头。

d. 焊条角度。在施焊中焊条与焊接反方向夹角一般为 70°~80°,焊条与两侧夹角各为 90°。

e. 接头。更换焊条进行中间焊缝接头的操作方法与灭弧焊的方法相同。

(2)填充层。

第一层填充时,稍作横向摆动,选择较大的焊接电流,以利用较大的熔深把打底层的焊接缺陷清除。

第二层填充时,焊缝中间焊条摆动速度要稍快,两侧稍作停顿,形成中部凹形的焊缝,尽量保持坡口的原始边缘不被破坏且两侧要熔合良好,焊道表面平整,如图 2-6-4 所示。填充层焊完后的焊缝应比坡口表面低 1~1.5 mm,以使盖面层形成圆滑过渡、高度一致的焊缝,也使盖面焊时坡口轮廓清楚,便于观察。

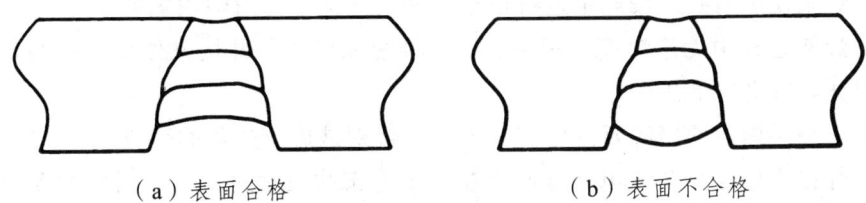

(a)表面合格　　　　　　　　(b)表面不合格

图 2-6-4　表面情况对比

运条方法均采用 8 字形或反月牙形运条及锯齿形方法,目的是使两边停弧时间稍长,便于清除根部夹角处的缺陷和减少焊缝中心的高温停留时间,焊接过程中尽量采用短弧焊,接焊条角度与焊接方向两侧夹角一般为 90°,与焊接反方向夹角为 70°~80°。

(3)盖面层。

盖面焊的关键是要控制好盖面层焊缝的外形尺寸,并防止咬边与焊瘤。盖面层施焊前,应将前一层熔渣和飞溅物清除干净,待温度降低以后再焊。

焊条角度与运条方法与填充层相同,采用 8 字形或锯齿形运条方法,摆动时焊条靠近坡口的一侧与坡口边缘对齐并稍作停顿,横向摆动的时间与两侧停顿的时间比例以 2:1:2 或 3:1:3 为佳,当熔池扩展到熔入坡口边缘 0.5~1 mm 处即可。

填充层、盖面层焊缝接头:在熔池前 10~15 mm 处引燃电弧,当电弧稳定燃烧后在熔池内侧将电弧以反划"?"号的方法进行接头,注意电弧的摆动必须在熔池的边缘线内运行。

(4)焊缝清理。

焊缝焊完后,使用清理工具将焊缝表面的焊渣、飞溅物等清理干净,焊缝应保持原始状态。

4. 仰焊焊接工艺

仰焊焊接工艺参数参考表如表 2-6-1。

表 2-6-1　仰焊焊接工艺参数参考表

焊接层数	运条方法	焊条直径/mm	焊接电流/A
第一层焊道（打底）	直线或锯齿形运条方法	3.2	60～80
第二层焊道（填充）	月牙或锯齿形运条方法	3.2	100～130（根据焊机额定电流）
第三层焊道（盖面）	锯齿形运条方法	3.2	90～120（根据焊机额定电流）

三、注意事项

（1）穿戴好劳保防护用品，以防止焊接中由于金属飞溅而造成烧伤、烫伤事故。

（2）焊条使用前必须按规定进行烘干，并放入保温筒内随用随取。

（3）焊接过程中无论焊接哪一层，都必须短弧操作，并按操作要领控制好熔池温度，以保证焊缝良好的成形。

（4）对每层焊道的熔渣要彻底清理干净，特别是边缘死角的熔渣。

（5）焊接中应注意防止电弧偏吹现象，如有偏吹发生时，要及时将焊条向偏吹方向作倾斜调整，以防止产生焊接缺陷。

任务评价

评分标准见表 2-6-2。

表 2-6-2　V 形坡口对接仰焊评分标准

考核项目	考核内容及要求	配分	考核标准	得分
焊缝质量	正面焊缝余高 $h \leq 3$ mm	10	超差不得分	
	背面焊缝余高 $h \leq 2$ mm	10	超差不得分	
	正面焊缝余高差 $h \leq 2$ mm	10	超差不得分	
	正面焊缝没侧比坡口增宽 ≤ 2.5 mm	5	超差不得分	
	焊缝宽度差 ≤ 2 mm	5	超差不得分	
	焊缝边缘直线度误差 ≤ 2 mm	10	超差不得分	
	焊后角变形 $\alpha \leq 2°$	5	超差不得分	
	咬边缺陷深度 ≤ 0.5 mm	5	超差不得分	

续表

考核项目	考核内容及要求	配分	考核标准	得分
焊缝质量	无未焊透	5	出现不得分	
	错边量≤1 mm	5	超差不得分	
	无焊瘤	5	出现不得分	
	无气孔	5	出现不得分	
	焊缝表面波纹均匀成形美观	10	根据成形酌情扣分	
安全文明生产	符合焊工安全文明生产规范	10	视违规情况扣分	
指导老师意见		总分		

注：① 正、反两面满分为100分，评分后除以2为实际得分。
② 焊缝未盖面、焊缝表面及根部已修补或试件做舞弊标记则该单项作0分处理。
③ 凡焊缝表面有裂纹、夹渣、未熔合、焊瘤等缺陷之一的，该试件外观为0分。
④ 焊缝需沿一个方向焊接，两个方向焊接外观为0分。

思考与练习

（1）消除焊接残余应力的方法有哪些？
（2）仰焊操作有哪些特点？
（3）仰角焊的对接焊操作要领是什么？

任务 7 对接管固定焊

【技能点】
☆掌握固定管焊的操作技能；
☆掌握单面焊双面成形的操作技能。
☆掌握管全位置焊接技能。

【知识点】
☆焊接接头形式和焊缝形式；
☆焊接工艺参数；
☆ 电源极性。

任务提出

本任务讲述的对接管斜位 45°固定焊接技术，主要是斜位 45°固定焊和垂直固定管的焊接操作。

任务分析

水平固定管打底焊的灭弧击穿焊法及其平、仰位接头要领；垂直固定管打底焊的灭弧击穿焊法；填充焊及表面焊的运条方法；适应管焊时焊条角度的变化要求。

相关知识

一、焊接变形的种类

焊接变形分为 5 种基本变形形式：收缩变形、角变形、弯曲变形、波浪变形和扭曲变形。

1. 收缩变形

焊件尺寸比焊前缩短的现象称为收缩变形，分为纵向缩短和横向缩短。焊件在焊后沿焊缝长度方间的收缩称为纵向缩短，如图 2-7-1（a）所示。焊件在焊后垂直于焊缝方向的收缩叫横向缩短，如图 2-7-1（b）所示。

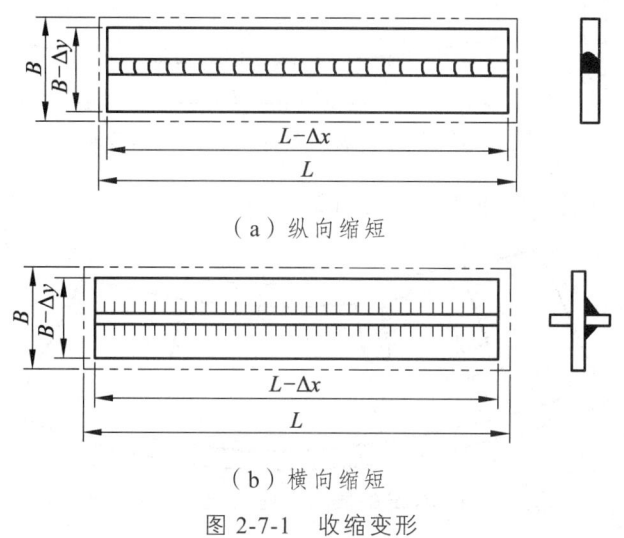

（a）纵向缩短

（b）横向缩短

图 2-7-1　收缩变形

2. 角变形

角变形产生的根本原因：由于焊缝的横向收缩沿板厚分布不均匀所致。角变形的大小以变形角 α 进行度量。

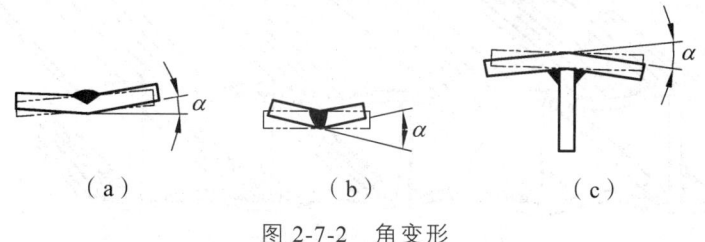

（a）　　　　　（b）　　　　　（c）

图 2-7-2　角变形

3. 弯曲变形

弯曲变形主要是结构上的焊缝布置不对称或焊件断面形状不对称，焊缝收缩引起的变形。弯曲变形的大小用挠度 f 进行度量。挠度 f 是指焊后焊件的中心轴偏离焊件原中心轴的最大距离。

（1）纵向收缩引起的弯曲变形（见图 2-7-3）。

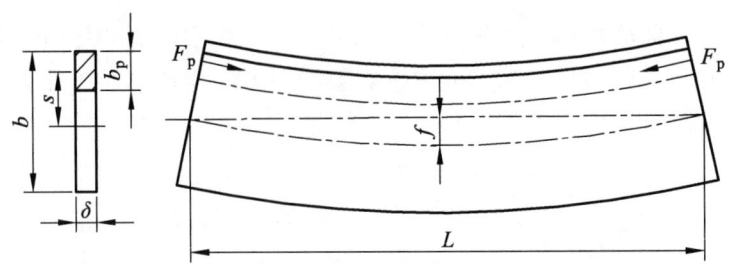

图 2-7-3　焊缝的纵向收缩引起的弯曲变形

（2）横向收缩引起的变曲变形（见图 2-7-4）。

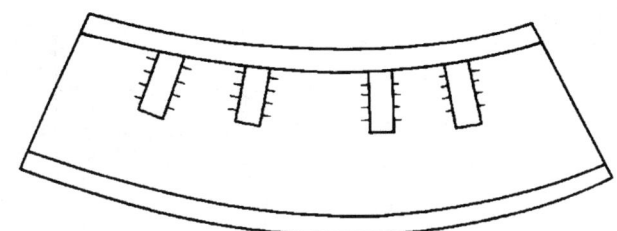

图 2-7-4　焊缝的横向收缩引起的弯曲变形

4．波浪变形

波浪变形常发生于板厚小于 6 mm 的薄板焊接过程中，又称之为失稳变形。如图 2-7-5 所示。

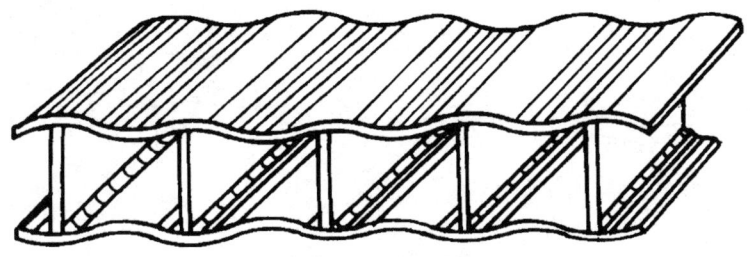

图 2-7-5　焊缝角变形引起的波浪变形

5．扭曲变形

产生扭曲变形的原因主要是焊缝角变形沿焊缝长度方向分布不均匀。如图 2-7-6 所示。一般发生在有数条平行的长焊缝的焊件上，如焊接工形梁。扭曲变形的产生往往与焊接方向或顺序不当有关。

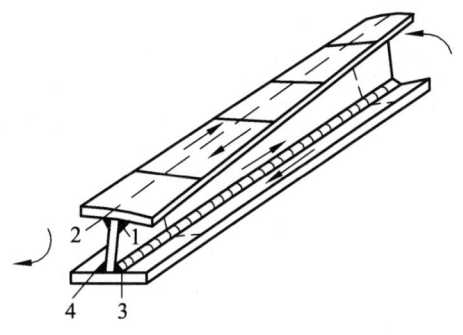

图 2-7-6　工字梁的扭曲变形

任务实施

一、焊前准备

（1）焊件：Q235 钢管，每组两根，每根长 100 mm，直径 60 mm 或 133 mm，壁厚 5 mm。
（2）焊条：E4303 型或 E5015 型，直径 3.2 mm。
（3）管对接焊操作之前，应该经过管敷焊（水平、垂直位置）的练习，初步了解管子焊接运条方法及其特点之后，再进行下面各项固定管焊接训练。

二、操作要领

水平固定管的焊接，要通过仰、立、平焊三种位置，亦称全位置焊。因为焊缝是环形的，焊接过程中要随焊缝空间位置的变化而相应调整焊条角度，才能保证正常操作，因此操作有一定难度。

（1）装配及定位焊。

装配时除了清理坡口表面、修锉钝边等要求外，还应该做到以下几方面：

① 管子轴线中心必须对正，内外壁要齐平。应使根部间隙上部大于仰位 0.5～2.0 mm，以作为焊接时焊缝的收缩量。根部间隙一般为 2.5～3.2 mm。

② 管径不同时，定位焊缝所在位置和数目也不同，如图 2-7-7 所示。小管（<ϕ51 mm）定位焊一处，在后半部（焊接时，管子分两半焊接，后焊的一半叫后半部）的焊口斜平位置上[见图 2-7-7（a）]；中管（ϕ51～133 mm）定位焊两处，在平位和后半部的立位位置上[见图 2-7-7（b）]；大管（>ϕ133 mm）定位焊三处[见图 2-7-7（c）]。有时也可以不在坡口根部进行定位焊，以避免定位焊缝给打底焊带来的不便，而利用连接板在管外壁装配临时定位[见图 2-7-7（d）]。

水平固定管焊接，常从管子仰位开始分两半焊接，先焊的一半叫前半部；后焊的一半叫后半部，两半部焊接都按仰—立—平位的顺序进行，这样的焊接顺序有利于对熔化金属与熔渣的控制，便于焊缝成形。

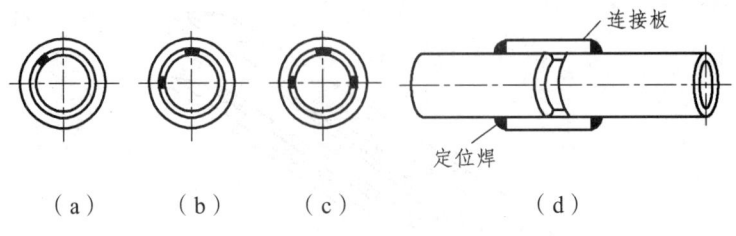

（a）　　　（b）　　　（c）　　　　　（d）

图 2-7-7　固定管装配定位示意图

（2）打底层焊接。

为了使坡口根部焊透，并获得良好的背面成形，应采用单面焊双面成形操作技术施焊。

焊接电流应该比平焊时小 5%～10%，而比立焊时要大 10%～15%。采用灭弧击穿法，焊接不同位置的焊条的角度如图 2-7-8 所示。

先焊前半部时，起焊和收弧部位都要超过管子垂直中心线 5～10 mm（见图 2-7-9），便于焊接后半部时接头。

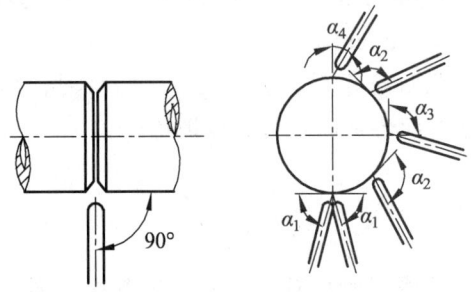

图 2-7-8　水平固定管焊接时的焊条角度

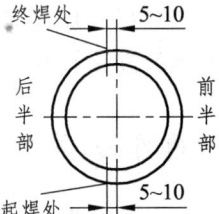

图 2-7-9　前半部焊缝过中心线示意图

任务评价

评分标准见表 2-7-1。

表 2-7-1　对接管固定焊评分标准

考核项目	考核内容及要求	配分	考核标准	得分
焊缝质量	焊缝余高 $h \leq 3$ mm	10	超差一处扣 5 分	
	焊缝表面咬边 ≤ 2 mm	10	超差不得分	
	焊缝宽度 $c \leq$ 坡口宽度 +3 mm	10	超差不得分	
	管件错边量 ≤ 0.5 mm	5	超差不得分	
	背面弧坑 ≤ 1 mm	5	超差不得分	
	未焊透 ≤ 0.5 mm	10	超差不得分	
	根据管子直径，按比例用圆球能顺利通过	10	未通过不得分	

续表

考核项目	考核内容及要求	配分	考核标准	得分
焊缝外观质量	无未熔合	5	出现不得分	
	无夹渣	5	出现不得分	
	无焊瘤	5	出现不得分	
	无气孔	5	出现不得分	
	焊缝表面波纹均匀成形美观	10	根据成形酌情扣分	
安全文明生产	符合焊工安全文明生产规范	10	视违规情况扣分	
指导老师意见		总分		

注：① 气孔检查采用 5 倍放大镜。
② 表面有裂纹、夹渣、未熔合、焊穿等缺陷之一，外观作 0 分处理。
③ 焊缝未盖面，焊缝表面有修补、重熔或试件做舞弊标记，该项目作 0 分处理。
④ 未焊透由射线组判定，外观组评分。

思考与练习

（1）简述水平固定管焊接的顺序？
（2）水平固定管装配及定位焊有哪些要求？

项目三

气焊与气割

- 任务1 气焊
- 任务2 气割

任务 1 气 焊

【技能点】

☆掌握气焊的操作技能；
☆掌握薄板气焊成形的操作技能；
☆掌握气焊火焰的调节。

【知识点】

☆焊接工艺参数；
☆气焊的焊接方法。

任务提出

气焊（割）是利用可燃气体与助燃气体混合燃烧时放出的热量作为热源，焊接或切割工件的一种工艺方法。它具有设备简单、操作方便、质量可靠、成本低、适用性好等特点。因此，气焊（割）技术在工业生产、建筑施工中得以广泛应用。

气焊（割）不仅能对钢材进行下料和坡口准备，还能焊接薄板和低熔点材料（有色金属及其合金），以及进行钎焊、构件变形的火焰矫正等。气焊（割）是金属材料加工的主要方法之一。

相关知识

一、气焊概述及特点

气焊是利用气体燃烧的火焰作为热源的焊接方法。乙炔（C_2H_2）是最常用的可燃气体。氧和乙炔燃烧的化学过程是 $2C_2H_2+5O_2 \rightarrow 4CO+2H_2+3O_2+$热量$\rightarrow 4CO_2+2H_2O+$热量。形成的火焰可调节成 4 种形式，分别适用于不同金属和合金的焊接。氧乙炔火焰生成的氢和二氧化碳对熔化金属有一定的保护作用。气焊一般是手工操作，常用于焊接 6 mm 以下的薄板和小直径管材以及修补焊接。气焊适用于多种金属材料的焊接，设备简单、成本低廉、焊炬操作灵便，在小批量薄件（最薄 0.5 mm）焊接、全位置安装焊（如锅炉低压管安装）和修补焊等方面应用较普遍。

气焊相较于手工电弧焊的主要特点如下：

（1）设备简单、费用低、移动方便、使用灵活。

（2）通用性强，对铸铁及某些有色金属的焊接有较好的适应性。

（3）由于无需电源，因而在无电源场合和野外工作时有实用价值。

（4）生产效率较低。气焊火焰温度低，加热速度慢。

（5）焊接后工件变形和热影响区较大，加热区域宽，焊接热影响区宽，焊接变形大。

（6）焊接过程中，熔化金属受到的保护差，焊接质量不易保证。

（7）较难实现自动化。

二、氧乙炔火焰的性质及适用范围

氧与乙炔混合燃烧所形成的火焰称为氧乙炔焰，又称气焊火焰，通过调节氧气阀门和乙炔阀门，可改变氧气和乙炔的混合比例得到三种不同的火焰：中性焰、氧化焰和碳化焰。如图 3-1-1 所示。

1. 中性焰

中性焰是氧气与乙炔混合比为 1.1～1.2 时燃烧所形成的火焰。在一次燃烧（可燃气体与氧气预先按一定比例混合好的混合气体的燃烧）区内既无过量的氧，也无游离碳。由此可见，中性焰是乙炔和氧气量比例相适应的火焰。

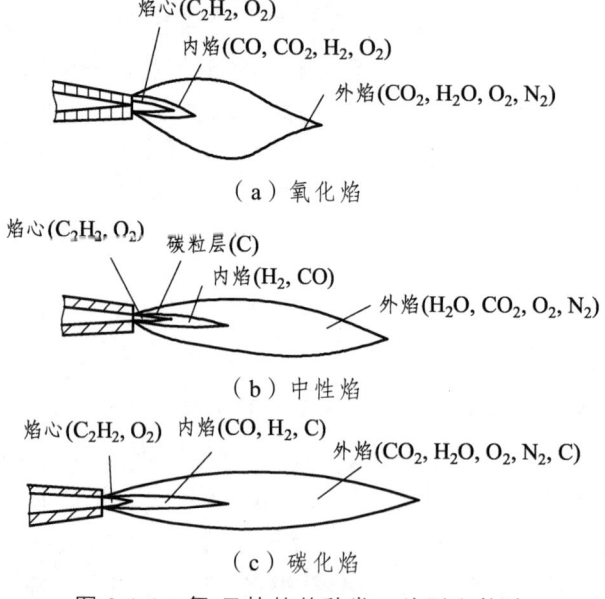

（a）氧化焰

（b）中性焰

（c）碳化焰

图 3-1-1 氧-乙炔焰的种类、外形和构造

中性焰的焰心外表面分布着乙炔分解所生成的碳素微粒层，因受高温而呈现出一个很清晰的焰心。在内焰处，乙炔在氧中燃烧生成的一氧化碳和氢气，能使熔池金属的氧化物还原，所以，中性焰的内焰实际上并非中性，而是具有一定的还原性。

中性焰距焰心外 2~4 mm 处的温度最高，达 3 150 ℃ 左右，此时热效率最高，保护效果也最好。因此，气焊时焰心离工件表面 2~4 mm 为宜。中性焰适用于低碳钢、中碳钢、低合金钢、不锈钢、紫铜、锡青铜及灰铸铁等材料的焊接（气割）。中性焰的温度分布如图 3-1-2 所示。

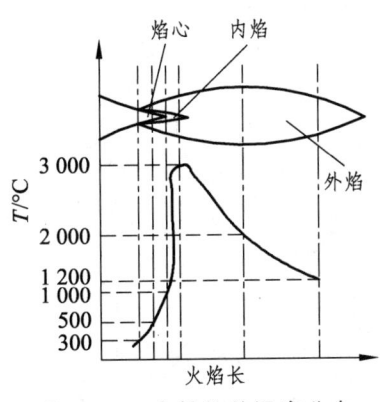

图 3-1-2　中性焰的温度分布

2. 碳化焰

碳化焰是氧气与乙炔的混合比小于 1.1 时燃烧所形成的火焰。因有过剩的乙炔存在，在火焰高温作用下分解出游离碳，在焰心周围出现了呈淡白色的内焰，其长度比焰心长 1~2 倍，是一个明显可见的富碳区。

碳化焰的最高温度在 2 700~3 000 ℃。在焊接低碳钢时，游离碳会渗入熔池，使焊缝金属的含碳量增加，塑性下降；而且会有过多的氢进入熔池，使焊缝金属易产生气孔和裂纹。

碳化焰具有较强的还原作用，也有一定的渗碳作用。轻微碳化焰适用于高碳钢、铸铁、高速钢、硬质合金、蒙乃尔合金、碳化钨和铝青铜等材料的焊接（气割），而强碳化焰没有实用价值。

3. 氧化焰

氧化焰是氧与乙炔混合比大于 1.2 时燃烧所形成的火焰。氧化焰中有过量的氧，在尖形焰芯外面形成一个有氧化性的富氧区。由于氧化反应剧烈，因此内焰和外焰分不清，整个火焰都缩短了。氧化焰的最高温度在 3 100~3 300 ℃。对于一般的碳钢和有色金属，很少采用氧化焰，这是因为氧化焰会使焊缝金属氧化及形成气孔，并加剧熔池中的沸腾，使焊缝中合金元素烧损，从而使焊缝组织变脆，降低了焊缝的性能。焊接黄铜时，采用含硅焊丝，氧化焰会使熔池表层形成硅的氧化膜，可减少锌的蒸发，因此轻微氧化焰适用于黄铜、锰黄铜、镀锌铁皮等材料的焊接（气割）。

由上述可知，焊接不同的金属材料，应采用不同性质的火焰才能获得优质的焊缝。

三、气焊设备及工具的使用方法

气焊设备及工具的连接如图 3-1-3 所示。

气焊设备及工具主要包括氧气瓶、乙炔瓶、减压器、焊炬等，辅助工具包括氧气胶管、乙炔胶管、护目镜、点火枪及钢丝刷等。

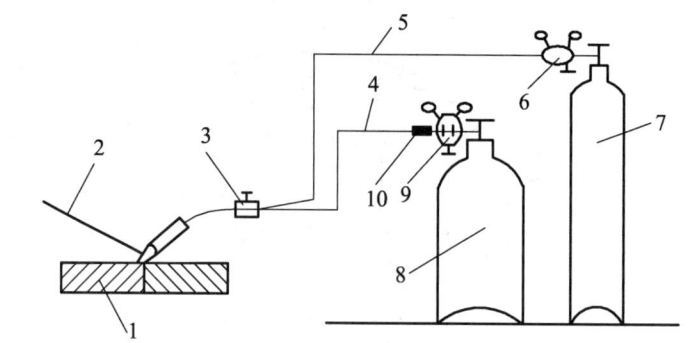

1—焊件；2—焊丝；3—焊炬；4—乙炔胶管；5—氧气胶管；6—氧气减压器；
7—氧气瓶；8—乙炔瓶；9—乙炔减压器；10—回火保险器。

图 3-1-3　气焊设备及工具的连接

1. 氧气瓶

氧气瓶是储存和运输氧气的一种高压容器。气瓶的容积为 40 L，在 15 MPa 压力下，可储存 6 m^3 的氧气。氧气瓶主要由瓶体、瓶帽、瓶阀及瓶箍等组成。

2. 乙炔瓶

乙炔瓶是一种贮存和运输乙炔的容器，主要由瓶体、瓶阀、瓶内的多孔性填料等组成。

3. 减压器

减压器具有两个作用：一是减压，二是稳压。

4. 焊　炬

焊炬是气焊时用以控制气体流量、混合比及火焰，并进行焊接的工具。如图 3-1-4 所示。

焊炬的好坏直接影响气焊的焊接质量，因此要求焊炬具有良好的调节性能，以保持氧气及可燃气体的比例及火焰能率的大小，使火焰稳定地燃烧。同时焊炬的质量要轻，气密性要好，操作方便，使用安全可靠。

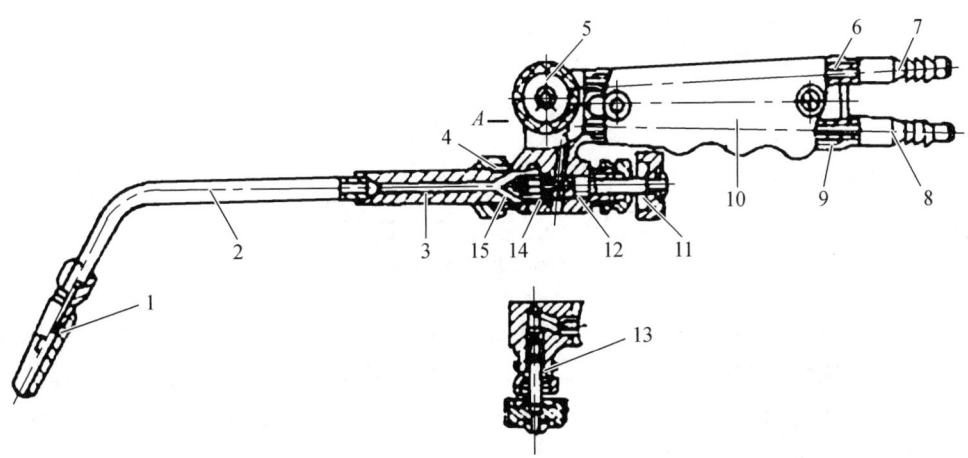

1—焊嘴；2—混合气管；3—射吸管；4—射吸管螺母；5—乙炔调节阀；6—乙炔进气管；
7—乙炔管接头；8—氧气管接头；9—氧气进气管；10—手柄；11—氧气调节阀；
12—主体；13—乙炔阀针；14—氧气阀针；15—喷嘴。

图 3-1-4 焊炬的构成

任务实施

1. 操作要点

焊道的起头、接头和收尾的处理；焊炬和焊丝的配合；火焰性质的调试及选择。

2. 焊前准备

（1）设备及工具：氧气瓶、氧气减压器（QD-1 型）、乙炔瓶、乙炔减压器、焊炬（H01-6 型）、氧气胶管、乙炔胶管。

（2）辅助工具：护目镜、点火枪、通针、扳手、钢丝钳等。

（3）焊件：低碳钢板一块，长×宽×厚为 200 mm×100 mm×2 mm。

（4）焊丝：H08A，直径为 2 mm。

3. 操作要领

（1）焊件清理。焊前应采用钢丝刷、砂布对焊件表面的氧化皮、铁锈、油污及脏物等彻底清理，直至露出金属光泽。

（2）起头。气焊时采用中性焰，左向焊法。焊道起头时，焊件温度很低，这时焊炬的倾斜角度应大些，对准焊件始端进行预热，同时焊炬作往复移动，尽量使起焊处加热均匀。在第一个熔池未形成前，要仔细观察熔池的形成，同时将焊丝端部置于火焰中进行预热，当焊件形成清晰的熔池时，焊丝熔化，将焊丝熔滴滴入熔池熔合后，立即抬起焊丝，焊炬向前移动形成新的熔池。左焊法时焊炬与焊丝端头的位置如图 3-1-5 所示。

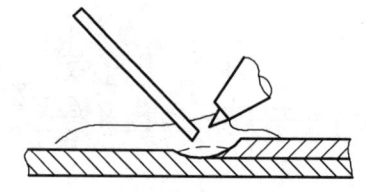

图 3-1-5　焊炬与焊丝端头的位置

（3）焊炬和焊丝的运动。焊炬和焊丝的运动包括三个动作：两者沿焊缝作纵向移动，不断地熔化焊件和焊丝而形成焊缝；焊炬沿焊缝作横向摆动，充分加热焊件，利用混合气体的冲击力搅拌熔池，使熔渣浮出；焊丝在垂直方向送进，并作上下跳动，以控制熔池热量和给送填充金属。

焊炬和焊丝的摆动方法和幅度，视焊件材料的性质、焊缝的位置、接头形式及板厚而定，焊炬的摆动方法如图 3-1-6 所示。

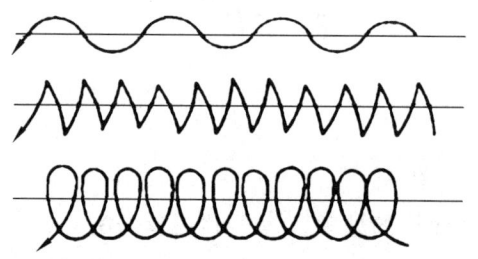

图 3-1-6　焊炬的摆动方法

（4）焊道的接头。在焊接中途停顿又继续施焊时，应将火焰移向原熔池的上方，重新加热熔化，当形成新的熔池后再填入焊丝，开始续焊。续焊位置应与前焊道重叠 5～10 mm，重叠焊道可不加或少加焊丝，以保证焊缝的余高及圆滑过渡。

（5）焊道的收尾。由于焊件端部散热条件差，应减小焊炬的倾斜角，增加焊接速度并多加一些焊丝，以防熔池扩大而烧穿。为防止收尾时空气侵入熔池，应用温度较低的外焰保护熔池，直至熔池填满，使火焰缓慢离开熔池。

在焊接过程中，焊炬倾角是不断变化的。在预热阶段为 50°～70°；在正常焊接阶段为 30°～50°；在结尾阶段为 20°～30°（见图 3-1-7）。

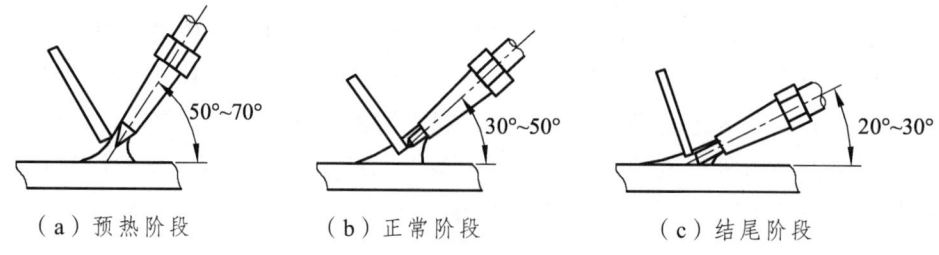

（a）预热阶段　　　　　　（b）正常阶段　　　　　　（c）结尾阶段

图 3-1-7　炬倾斜角在焊接过程中的变化

4. 技能训练

平敷气焊焊件图，如图 3-1-8 所示。

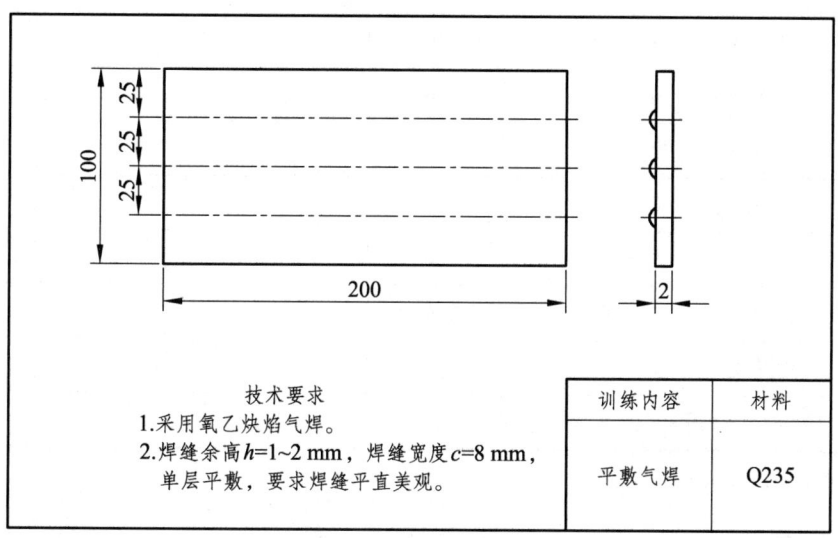

图 3-1-8　平敷气焊焊件

（1）熟悉图样并清理焊件表面。

（2）将焊件放置在工位上，保持焊件处于平焊位置。

（3）用粉笔在焊件表面画平行线，间隔 25 mm 为宜。

（4）气焊设备及工具安装妥当后，选择合适的气焊工艺参数。

（5）采用中性焰、左向焊法。

5. 注意事项

（1）在焊件上做平行多焊道练习时，注意焊道间隔。

（2）在练习中，要注意焊炬和焊丝的协调，焊道成形应整齐美观。

（3）焊缝边缘和母材间要圆滑过渡。

（4）左向焊法练习达到要求后，可进行右向焊法的练习。

任务评价

评分标准见表 3-1-1。

表 3-1-1 气焊评分标准

评价内容	配分	结果	得分	备注
操作步骤正确	20			
使用焊炬正确	10			
开启焊炬正确	10			
点火方法正确	10			
调节火焰效率方法正确	10			
调节火焰性质方法正确	10			
熄火方法正确	10			
符合安全操作规程	20			

说明：每出现一次失误扣 5 分。

思考与练习

（1）氧气瓶与乙炔瓶的标志是什么？
（2）怎样调节火焰能率的大小？
（3）回火的根本原因是什么？如何避免回火？

知识拓展

一、气焊用焊接材料

1. 气焊丝

气焊时，焊丝不断地送入熔池内，并与熔化的基本金属熔合形成焊缝。焊缝的质量在很大程度上与气焊丝的化学成分和质量有关。

常用气焊丝的型号和用途如下：

（1）结构钢焊丝。一般低碳钢焊件采用的焊丝有 H08A；重要的低碳钢焊件用 H08Mn 和 H08MnA；中强度焊件用 H15A；强度较高的焊件用 H15Mn。

焊接强度等级为 300~350MPa 的普通碳素钢时，采用 H08A、H08Mn 和 H08MnA 等焊丝。

焊接优质碳素钢和低合金结构钢时，可采用碳素结构钢焊丝或合金结构钢焊丝，如 H08Mn、H08MnA、H10Mn2 以及 H10Mn2MoA 等。

（2）铸铁用焊丝。铸铁焊丝分为灰铸铁焊丝和合金铸铁焊丝，其型号、化学成分可参见相关国家标准。

2. 气焊溶剂

（1）气焊熔剂的作用气焊过程中，被加热的熔化金属极易与周围空气中的氧或火焰中的氧化合生成氧化物，使焊缝中产生气孔和夹渣等缺陷。为了防止金属的氧化及消除已经形成的氧化物，在焊接有色金属、铸铁以及不锈钢等材料时必须采用气焊熔剂。

（2）常用气焊熔剂及选用气焊熔剂应根据母材金属在气焊过程中所产生的氧化物的种类来选用。所选用的熔剂应能中和或溶解这些氧化物。

任务 2　气　割

【技能点】

☆ 掌握气割调节的操作技能；
☆ 掌握薄板及厚板切割成形的操作技能。

【知识点】

☆ 焊接工艺参数；
☆ 气割的火焰调节。

任务提出

（1）正确选择割炬和割嘴号码，并与钢板厚度相适应。
（2）掌握中厚板直线及方格线气割的操作方法。气割中厚板时，由于板材厚度与其他薄板气割相比较具有一定的难度，关键在于操作姿势和割炬的火焰调节。

任务分析

火焰调节：点火后的火焰应为中性焰，焰芯长度应该调节到焰芯直径的 3 倍。氧化焰及碳化焰均不宜使用，否则会使切口失去棱角或增碳，并影响到风线的清晰程度而影响切割质量。

相关知识

一、气割概述及原理

气割是指利用气体火焰将被切割的金属预热到燃点，使其在纯氧气流中剧烈燃烧，形成熔渣并放出大量的热，在高压氧的吹力作用下，将氧化熔渣吹掉；所放出的热量又进一步预热下一层金属，使其达到熔点。金属的气割过程，就是预热、燃烧、吹渣的连续过程，其实质是金属在纯氧中燃烧的过程，而不是熔化过程。

利用可燃气体同氧混合燃烧所产生的火焰，分离气割材料的热切割，又称氧气切割或火焰切割。气割时，火焰在起割点将材料预热到燃点，然后喷射氧气流，使金属材料剧烈氧化燃烧，生成的氧化物熔渣被气流吹除，形成切口。气割用的氧纯度应大于99%；可燃气体一般用乙炔气，也可用石油气、天然气或煤气。用乙炔气的切割效率最高，质量较好，但成本较高。气割设备主要是割炬和气源。割炬是产生气体火焰、传递和调节切割热能的工具，其结构影响气割速度和质量。采用快速割嘴可提高切割速度，使切口平直，表面光洁。手工操作的气割割炬，用氧和可燃气体的气瓶或发生器作为气源。半自动和自动气割机还有割炬驱动机构或坐标驱动机构、仿形切割机构、光电跟踪或数字控制系统。大批量下料用的自动气割机可装有多个割炬和计算机控制系统。

被气割的金属材料应具备下列条件：①在纯氧中能剧烈燃烧，其燃点和熔渣的熔点必须低于材料本身的熔点。熔渣具有良好的流动性，易被气流吹除。②导热性小。在切割过程中氧化反应能产生足够的热量，使切割部位的预热速度超过材料的导热速度，以保持切口前方的温度始终高于燃点，切割才能不致中断。因此，气割一般只用于低碳钢、低合金钢和钛及钛合金。气割是各个工业部门常用的金属热切割方法，特别是手工气割，使用灵活方便，是工厂零星下料、废品废料解体、安装和拆除工作中不可缺少的工艺方法。

二、气割的工艺参数

气割工艺参数主要包括气割氧压力、气割速度、预热火焰能率、割嘴与割件的倾斜角度、割嘴离割件表面的距离等。

1. 气割氧压力

选择氧气压力的依据一般是随割件厚度的增大而加大，或随割嘴代号的增大而加大。当割件厚度小于100 mm时，其氧气压力可参照表3-2-1选用。

表3-2-1 钢板的气割厚度与氧气压力、气割速度的关系

钢板厚度/mm	氧气压力/MPa	气割速度/(mm/min)	钢板厚度/mm	氧气压力/MPa	气割速度/(mm/min)
4	0.2	450~500	30	0.45	210~250
5	0.3	400~500	40	0.45	180~230
10	0.35	340~450	60	0.5	160~250
15	0.375	300~375	80	0.6	150~180
20	0.4	260~350	100	0.7	130~165
25	0.425	240~270			

在割件厚度、割嘴代号、氧气纯度均已确定的条件下，气割氧压力的大小对气割质量有直接的影响。如氧气压力不够，氧气供应不足，会引起金属燃烧不完全，降低气割速度，不能将熔渣全部从割缝处吹除，使割缝的背面留下很难清除的挂渣，甚至还会出现割不透的现象。如果氧气压力太高，则过剩的氧气对割件有冷却作用，使割口表面粗糙，割缝加大，气割速度减慢，氧气消耗量也增大。

2. 气割速度

气割速度主要也取决于切割件的厚度。割件越厚，割速越慢。切割厚大断面的工件，还要增加横向摆动；但割速太慢，会使割缝边缘不齐，甚至产生局部熔化现象，割后清渣困难。割件越薄，割速越快。但也不能过快，否则，会产生很大的后拖量或割不透现象。气割速度的正确与否，主要根据割缝的后拖量来判断。所谓的"后拖量"是指气割面上的气割氧流轨迹的始、终点在水平方向上的距离，如图 3-2-1 所示。

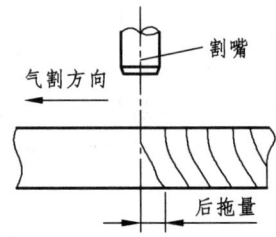

图 3-2-1　后拖量示意图

气割时产生后拖量的主要原因如下：

（1）切口上层金属在燃烧时产生的气体冲淡了气割氧气流，使下层金属燃烧缓慢。

（2）下层金属无预热火焰的直接作用，因而使火焰不能充分地对下层金属加热，使割件下层不能剧烈燃烧。

（3）割件下层金属离割嘴距离较远，氧流射线直径增大，吹除氧化物的动能降低。

（4）割速太快，来不及将下层金属氧化而造成后拖量。

气割的后拖量是不可避免的，尤其是在气割厚钢板时更为显著。因此，采用的气割速度应该以割缝产生的后拖量较小为原则，以保证气割质量。

气割速度的选择见表 3-2-1。

3. 预热火焰能率

预热火焰的作用是把金属割件加热至能在氧气流中燃烧的温度，并始终保持这一温度，同时使钢材表面的氧化皮剥离和熔化，便于气割氧流与金属接触。

气割时，预热火焰应采用中性焰或轻微氧化焰。碳化焰不能采用，因为碳化焰中有游离碳存在，会使割缝边缘增碳。在切割过程中，要注意随时调整预热火焰，防止火焰性质发生变化。

预热火焰能率的大小与割件厚度有关。割件越厚，火焰能率应越大。但是在气割厚板时火焰能率的大小要适宜,如果此时火焰能率选择过大,会使割缝上缘产生连续的珠状钢粒,甚至熔化成圆角,同时还造成割缝背面粘附的熔渣增多,从而影响气割质量。火焰能率选择过小,割件得不到足够的热量,会使割速减慢而中断气割工作。

4. 割嘴与割件的倾斜角

割嘴与割件的倾斜角如图 3-2-2 所示。

倾角的大小要随割件厚度而定,见表 3-2-2。

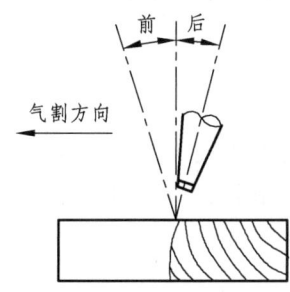

图 3-2-2　割嘴的倾斜角

表 3-2-2　割嘴倾角与割件厚度的关系

割件厚度/mm	<6	6~30	>30		
			起割	割穿后	停割
倾角方向	后倾	垂直	前倾	垂直	后倾
倾角	25°~45°	0	5°~10°	0	5°~10°

5. 割嘴离割件表面的距离

选择割嘴离割件的距离时,要根据预热火焰的长度和割件厚度确定。在通常情况下火焰心距割件表面为 3~5 mm。当割件厚度小于 20 mm 时,火焰可长些,距离可适当加大;当割件厚度大于或等于 20 mm 时,由于气割速度慢,为了防止割缝上缘熔化,火焰可短些,距离应适当减小。这样,可以保持气割氧流的挺直度和氧气的纯度,使气割质量得到提高。

除了气割工艺参数,气割质量的好坏还与割件材质质量及表面状况(氧化皮、涂料等)、割缝的形状(直线、曲线和坡口等)等因素有关。

> 任务实施

1. 操作要点

火焰性质的选择及切割氧流形状(即风线)的调整;厚板气割过程要领。

2. 割前准备

（1）设备及工具：氧气瓶、乙炔瓶、氧气减压器、乙炔减压器、G01-100型割炬、3号梅花形割嘴（或3号环形割嘴）。

（2）辅助工具：护目镜、通针、扳手、钢丝钳、点火枪、氧气胶管、乙炔胶管及钢丝刷等。

（3）防护用品：工作服、手套、胶鞋、口罩、护脚等保护用品。

（4）割件：低碳钢板，长×宽×厚为 450 mm×300 mm×30 mm。

3. 操作要领

（1）割前清理。

首先用钢丝刷仔细地清理割件表面，去除其鳞皮、铁锈和尘垢，使火焰能直接对钢板预热。然后用耐火砖将割件垫起，以便排放熔渣，不允许把割件直接放在水泥地上进行气割。

（2）点火。

点火前先检查割炬的射吸能力。若割炬的射吸力不正常，则应查明原因，及时修复方能使用，或者更换新的割炬。

点火后将火焰调节为中性焰或轻微氧化焰。待火焰调整完毕后，打开割炬上的切割氧开关，并增大氧气流量，仔细地观察切割氧流的形状（即风线形状）。风线应为笔直而清晰的圆柱体，并有一定的长度。若风线形状不规则，应关闭割炬的所有阀门，用通针修整切割氧喷嘴或割嘴。预热火焰和风线调整好后，关闭切割氧开关，进入起割状态。

（3）起割。

要注意气割姿势。对于初学者可采用抱切法，即双脚成"八"字形蹲在割件的一旁，右臂靠右膝盖，左臂悬空在两脚中间。右手握住割炬手把，其食指靠在预热氧调节阀上，并以左手的拇指和食指握住切割氧调节阀门，便于调整预热火焰和发生回火时及时切断气源，同时也起到掌握方向的作用。左手的其余三指平稳地托住混合管。上身不要弯得太低，呼吸要有节奏，眼睛要注视割件、割嘴和割线。

起割点应在割件的边缘。待边缘预热到呈亮红色时，将火焰略为移动至边缘以外，同时慢慢打开切割氧开关。当看到预热的红点在氧流中被吹掉，再进一步加大切割氧气流量。随着氧流的加大，从割件的背面飞出氧化铁渣，此时，证明割件已被割透，割炬即可根据割件的厚度以适当的速度开始从右向左移动。

如果被割的割件在起割处的一侧有余量，则可以从有余量的地方起割。然后按一定的速度移至割线上。如果割线两侧没有余量，则起割时要特别小心。在慢慢加大切割氧的同时，要随即把割嘴往前移动，若停止不动氧流将被返回的气流扰乱，在该处周围出现较深的沟槽。

(4)正常气割过程。

起割后,即进入正常的气割阶段。为了保证割缝质量,在整个气割过程中,割炬移动的速度要均匀,割嘴与割件表面距离要保持一定。焊工的身体要更换位置时,应预先关闭切割氧阀门,待身体的位置移好后,再将割嘴对准割缝的切割处适当加热。然后,慢慢打开切割氧阀门,继续向前气割。在气割薄钢板时,焊工要移动身体,则在关闭切割氧的同时,火焰迅速离开钢板表面,以防因板薄受热快,引起变形或熔化。

在气割过程中,有时会出现鸣爆和回火现象,这是由于割嘴过热或氧化铁渣的飞溅,致使割嘴堵塞或乙炔供应不足而引起的。处理的方法是:必须迅速关闭预热氧和切割氧气阀门,及时切断氧气。如果仍然能听到割炬内有"嗞嗞"的响声,则说明火焰没有熄灭,应迅速关闭乙炔阀门,或者拔下割炬上的乙炔胶管,使回火的火焰排出。一切处理妥当后,还要重新检查割炬的射吸力,然后才允许重新点燃割炬。

(5)停割。

气割过程临近终点停割时,割嘴应沿气割方向的反方向倾斜一个角度,以便钢板的下部提前割透,使割缝在收尾处较整齐。停割后要仔细清除割缝周边的挂渣,以便于以后的加工。

(6)厚钢板的气割。

① 特点。预热火焰难以加热割件下部或内部的金属,使割件受热不均匀。结果下层或内部金属的燃烧比上层或外部金属的燃烧较慢。这样不但使割缝产生很大的后拖量,而且容易使熔渣堵塞未切割部分,造成气割困难。

② 工艺要求。气割时,要选择与钢板的厚度相适应的割嘴代号,预热火焰能率要大些,以保证氧气和乙炔量供应充足。起割时,应由割件边缘棱角处开始预热(见图3-2-3)。将割件预热到切割温度时,逐渐开大切割氧压力,并将割嘴稍向气割方向倾斜5~10°(见图3-2-4)。待割件边缘全部割透时,再加大切割氧流,并使割嘴垂直于割件。同时,割嘴沿割线向前移动。进入正常气割状态以后,割嘴要始终垂直于割件做直线运动,移动速度要慢。若钢板厚度很大时,割嘴要做横向月牙形或"之"字形摆动(见图3-2-5)。

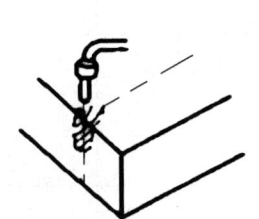 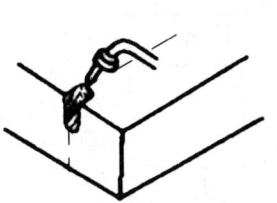 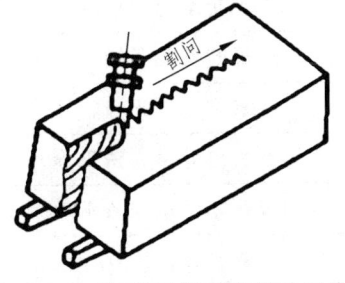

图 3-2-3 预热位置示意图　　图 3-2-4 起割示意图　　图 3-2-5 割嘴沿割向横摆动示意图

气割过程应连续进行,尽量不中断气割,以防止割件降温。如果遇到割不透时,允许停割,并从割线的另一端重新起割。气割结束时,速度可以放慢些,这样可以减少后拖量。

4. 气割的参数选择

气割的参数选择见表 3-2-3。

表 3-2-3　气割参数选择表

割炬型号	G01—30			G01—100			G01—300				GD1—100		
结构形式	射吸式										等压式		
割嘴代号	1	2	3	1	2	3	1	2	3	4	1	2	3
割嘴直径/mm	0.6	0.8	1.0	1.0	1.3	1.6	1.8	2.2	2.6	3.0	0.8	1.0	1.2
切割厚度范围/mm	2~10	10~20	20~30	10~25	25~30	50~100	100~150	150~200	200~250	250~300	5~10	10~25	25~40
氧气压力/MPa	0.2	0.25	0.3	0.2	0.35	0.5	0.5	0.65	0.8	1.0	0.25	0.3	0.35
乙炔压力/MPa	0.001~0.01	0.001~0.01	0.001~0.01	0.001~0.01	0.001~0.01	0.001~0.01	0.001~0.01	0.001~0.01	0.001~0.01	0.001~0.01	0.025~0.1	0.03~0.1	0.04~0.1
氧气消耗量/(m³/h)	0.8	1.4	2.2	2.2~2.7	3.5~4.2	5.5~7.3	9.0~10.8	11~14	14.5~18	19~26	—	—	—
乙炔消耗量/(L/h)	210	240	310	350~400	400~500	500~610	680~780	800~1 100	1 150~1 200	1 250~1 600			
割嘴形状	环形			梅花形和环形			梅花形				梅花形		

任务评价

评分标准见表 3-2-4。

表 3-2-4　气割评分标准

评价内容	配分	结果	得分	备注
操作步骤正确	20			
使用割炬正确	10			
开启割炬正确	10			
点火方法正确	10			
调节火焰效率方法正确	10			
调节火焰性质方法正确				
熄火方法正确	10			
符合安全操作规程	20			

说明:每出现一次失误扣 5 分。

思考与练习

(1) 气割的原理是什么？

(2) 气割工艺参数包括哪些？应如何选用？

知识拓展

气割的适用性及其特点

1. 气割的适用性

气割时应用的设备器具除割炬外均与气焊相同。气割过程是预热—燃烧—吹渣过程，但并不是所有金属都能满足这个过程的要求，只有符合下列条件的金属才能进行气割。

(1) 金属在氧气中的燃烧点应低于其熔点；

(2) 气割时金属氧化物的熔点应低于金属的熔点；

(3) 金属在切割氧流中的燃烧应是放热反应；

(4) 金属的导热性不应太高；

(5) 金属中阻碍气割过程和提高钢的可淬性的杂质要少。

符合上述条件的金属有纯铁、低碳钢、中碳钢和低合金钢等。其他常用的金属材料，如铸铁、不锈钢、铝和铜等，则必须采用特殊的气割方法（如等离子切割等）。目前气割工艺在工业生产中得到了广泛的应用。

2. 气割特点

主要优点：

(1) 切割钢铁的速度比刀片移动式机械切割工艺快；

(2) 对于机械切割法难于产生的切割形状和达到的切割厚度，气割可以很经济地实现；

(3) 设备费用比机械切割工具低；

(4) 设备是便携式的，可在现场使用；

(5) 切割过程中，可以在一个很小的半径范围内快速改变切割方向；

(6) 通过移动切割器而不是移动金属块来现场快速切割大金属板；

(7) 过程可以手动或自动操作。

主要缺点：

(1) 尺寸公差要明显低于机械工具切割；

(2) 尽管也能切割像钛这些易氧化金属，但该工艺在工业上基本限于切割钢铁和铸铁；

（3）预热火焰及发出的红热熔渣对操作人员可能造成着火和烧伤的危险；

（4）燃料燃烧和金属氧化需要适当的烟气控制和排风设施；

（5）切割高合金钢铁和铸铁需要对工艺流程进行改进；

（6）切割高硬度钢铁可能需要割前预热，割后继续加热，来控制割口边缘附近钢铁的金相结构和机械性能；

（7）气割不推荐用于大范围的远距离切割。

项目四

埋弧焊

- 任务 1 埋弧焊的基本操作
- 任务 2 对接板埋弧焊

任务 1 埋弧焊的基本操作

【技能点】

☆ 掌握埋弧焊的操作技能；
☆ 掌握单面焊双面成形的操作技能。

【知识点】

☆ 焊接接头形式和焊缝形式；
☆ 焊接工艺参数。

任务提出

（1）熟悉埋弧焊设备。
（2）熟知埋弧焊机外部连线及焊接准备操作。
（3）掌握焊接工艺参数的调整。
（4）掌握埋弧自动焊机引弧和收弧的基本操作。

任务分析

本任务是埋弧焊机的外部连线及开机训练。通过了解埋弧焊机的零部件的组成，熟练完成埋弧焊机的外部连线，了解埋弧焊机控制箱的功能及掌握操纵使用方法，完成焊接准备操作。

相关知识

一、埋弧焊的原理、特点及应用

1. 埋弧焊的原理

埋弧自动焊实质是一种电弧在颗粒状焊剂下燃烧的熔焊方法，焊丝送入颗粒状的焊剂下，与焊件之间产生电弧，使焊丝与焊件熔化形成熔池，熔池金属结晶为焊缝；

部分焊剂熔化形成熔渣,并在电弧区域形成一封闭空间,液态熔渣凝固后成为渣壳,覆盖在焊缝金属上面。随着电弧沿着焊接方向移动,焊丝不断地送进并熔化,焊剂也不断地撒在电弧周围,使电弧埋在焊剂层下燃烧,由此实现自动的焊接过程。埋弧自动焊主要适用于低碳钢及合金钢中厚板的焊接,是大型焊接结构生产中常用的一种焊接技术。如图 4-1-1 所示。

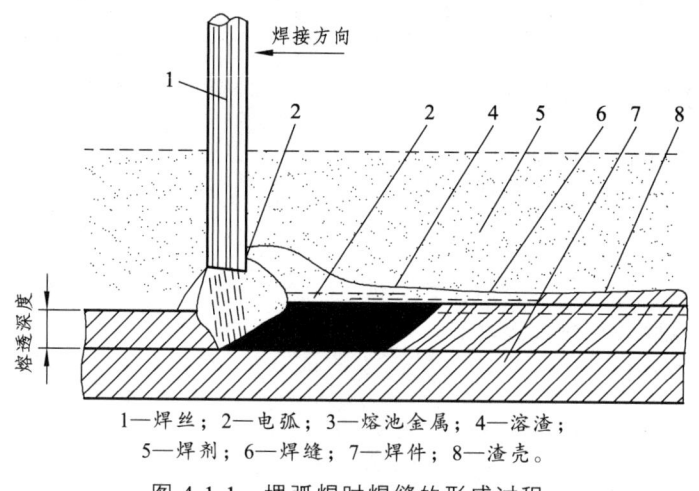

1—焊丝；2—电弧；3—熔池金属；4—溶渣；
5—焊剂；6—焊缝；7—焊件；8—渣壳。

图 4-1-1 埋弧焊时焊缝的形成过程

2. 埋弧自动焊的特点

同其他焊接方式相比,埋弧焊具有以下特点：

(1) 焊接生产效率高。埋弧自动焊所用焊接电流大,加上焊剂和熔渣的隔热作用,热效率高、熔深大。例如,单丝埋弧焊在焊件不开坡口的情况下,一次可熔透 20 mm。焊接速度高,以厚度 8~10 mm 钢板对接焊为例,单丝埋弧自动焊速度可达 50~80 cm/min,手弧焊则不超过 10~13 cm/min。

(2) 焊接质量好。焊剂和熔渣的存在不仅防止空气中的氮、氧侵入熔池,而且使熔池凝固较慢,使液态金属与熔化的焊剂间有较多时间进行冶金反应,减少了焊缝中产生气孔、裂纹等缺陷的可能性。焊剂还可以向焊缝渗合金,提高焊缝金属的力学性能。另外,焊缝成形美观。

(3) 劳动条件好。焊接过程的机械化使操作显得更为便利,而且烟尘少,没有弧光辐射,劳动条件得到改善。

(4) 由于埋弧焊采用颗粒状焊剂,一般仅适用于平焊位置,其他位置的焊接则需采用特殊措施,以保证焊剂能覆盖焊接区。

(5) 埋弧自动焊所有设备结构复杂,成本较高,且无法焊接不规则形状焊缝。

3. 埋弧自动焊的应用

(1) 埋弧焊的应用范围。

埋弧焊适用于低碳钢及合金结构钢中厚板水平面上长焊缝焊接。由于熔深大、生产率高、机械化操作程度高，埋弧焊适于焊接中厚板结构的长焊缝焊接，在造船、锅炉与压力容器、桥梁、起重机械、铁路车辆、工程机械等制造部门有着广泛的应用，是当今焊接生产中普遍使用的焊接方法之。埋弧焊除了应用于金属结构中构件的连接外，还可在基体金属表面堆焊耐腐蚀的合金层。随着焊接冶金技术与焊接材料生产技术的发展，埋弧焊能焊的材料已从碳素结构钢发展到低合金结构钢、不锈钢、耐热钢等金属。

（2）埋弧焊的分类。

埋弧焊按送丝方式、焊丝数量及形状、焊缝成形条件等分成多种类型，见表4-1-1。

表4-1-1 埋弧焊工艺方法分类

分类依据	分类名称	应用范围
送丝方式	等速送丝埋弧焊机	细焊丝、高电流密度
	变速送丝埋弧焊机	粗焊丝、低电流密度
焊丝数目及形状	单丝埋弧焊	常规对接、角接、筒体纵缝、环焊缝
	双丝埋弧焊	高生产率对接、角接焊
	多丝埋弧焊	螺旋焊管等超高生产率对接焊
	单极埋弧焊	耐磨、耐蚀合金埋弧焊
焊缝成形条件	双面埋弧焊	常规对接焊
	单面埋弧焊	高生产率对接焊、难以双面焊的对接焊

二、MZ-1000型埋弧焊机

MZ-1000型焊机是应用广泛的一种电弧电压自动调节、变速送丝的典型埋弧焊焊机，适合于水平位置或与水平面倾斜不大于15%的各种有坡口或无坡口的对接、搭接和角接接头的焊接；如果借助转胎，还可焊接圆筒焊件的内、外环缝。MZ-1000型焊机主要由FD11-200T型自动焊接小车（或悬臂式支架）、MZP-1000型控制箱和焊接电源三大部分组成。其主要功能是连续不断地向电弧焊焊接区输送焊丝，传输焊接电流，使电弧沿焊缝均匀移动，控制电弧的能量参数，控制焊接自动启动和停止，向焊接区铺撒焊剂，焊前调节焊丝末端位置，预置有关焊接参数等。

1. FD11-200T型自动焊接小车结构

FD10/11/12/13-200T自动埋弧焊小车可与800A、1000A、1250A及630A型等规格的埋弧焊电源配套组成A310-800/1000/1250/630系列自动埋弧焊机。小车依靠4个轮子，可以在前进方向与水平面夹角小于 15° 的硬质平面上或行走轨道上行驶。小车前、后轮可同时驱动，行走稳定，焊接范围广，调整方便灵活，机头升降及焊枪一体回转。小车面板上设计有焊接电压、焊接电流、焊接速度调节及显示功能。如图 4-1-2 所示，FD11—200T 型自动焊接小车由机座 18、控制箱 1、机头（送丝电动机减速箱 25、送丝托架总成 16、焊枪杆 22）、焊丝盘 2、焊剂斗 10 等部分组成。

（1）机座。

机座 18 内设有可调控的行走电动机减速器及传动离合器，前后轮用同步带轮同时驱动，合上行走离合器手柄 21，小车可正向或反向自动行走脱开离合器时，小车可手动行走移动。机座内设有拖板，转动波形手轮 15，可带动立柱横向移动，以便于调节机头的位置。

（2）焊接小车。

小车由直流电动机带动，其速度可在 20～62 m/h 均匀调节。

（3）控制箱。

控制箱 1 面板上设有指示标志和操作控制装置，并设有可回转的支架，可方便地转动到便于操作的位置进行操作。

（4）机头焊枪部件。

机头由送丝电动机减速箱 25、送丝托架总成 16、焊枪杆 22、导电嘴 27 等零部件构成。其功能是将焊丝从丝盘上拉出，经导丝架引入，由双驱动送丝轮及校直轮校直后，输入导电嘴送往焊接区域施焊。机头与焊枪连为一体并可以方便地从横臂上拆卸下来，移装到其他焊接机架上使用。焊枪杆 22 可以按用户要加长接杆，使其接长使用。导电嘴 27 在焊接时起导电作用。小车配有相应规格的导电嘴各一只，不同直径的焊丝应选用相应规格的导电嘴。导电嘴属易损件，发现磨损、烧损或孔径被拉毛，应及时更换，否则会发生电弧不稳定现象。

（5）焊丝盘。

焊丝盘 2 采用阻尼式丝盘轴，阻尼力的大小可调。扳动丝盘轴挡板，卸下丝盘轴，增大阻尼则用内六角扳手旋紧内八角螺钉，减小阻尼则旋松内六角螺钉。转动焊丝盘，手感阻尼适当后，再拧紧丝盘轴。

（6）焊剂斗。

焊剂斗 10 由支架和小横梁固定在机头上。支架用可调位紧定手柄 12 固定，可绕机头回转。小横梁用星形手轮 13 固定，可以伸缩移动。在焊剂斗边另有一只可调位紧定手柄 14，可调节焊剂斗的摆动角度。焊剂斗活动范围广，可调节至各种位置，加入的焊剂通过焊剂滤网过滤后进入焊剂斗，保证焊机顺畅进入焊接区域。

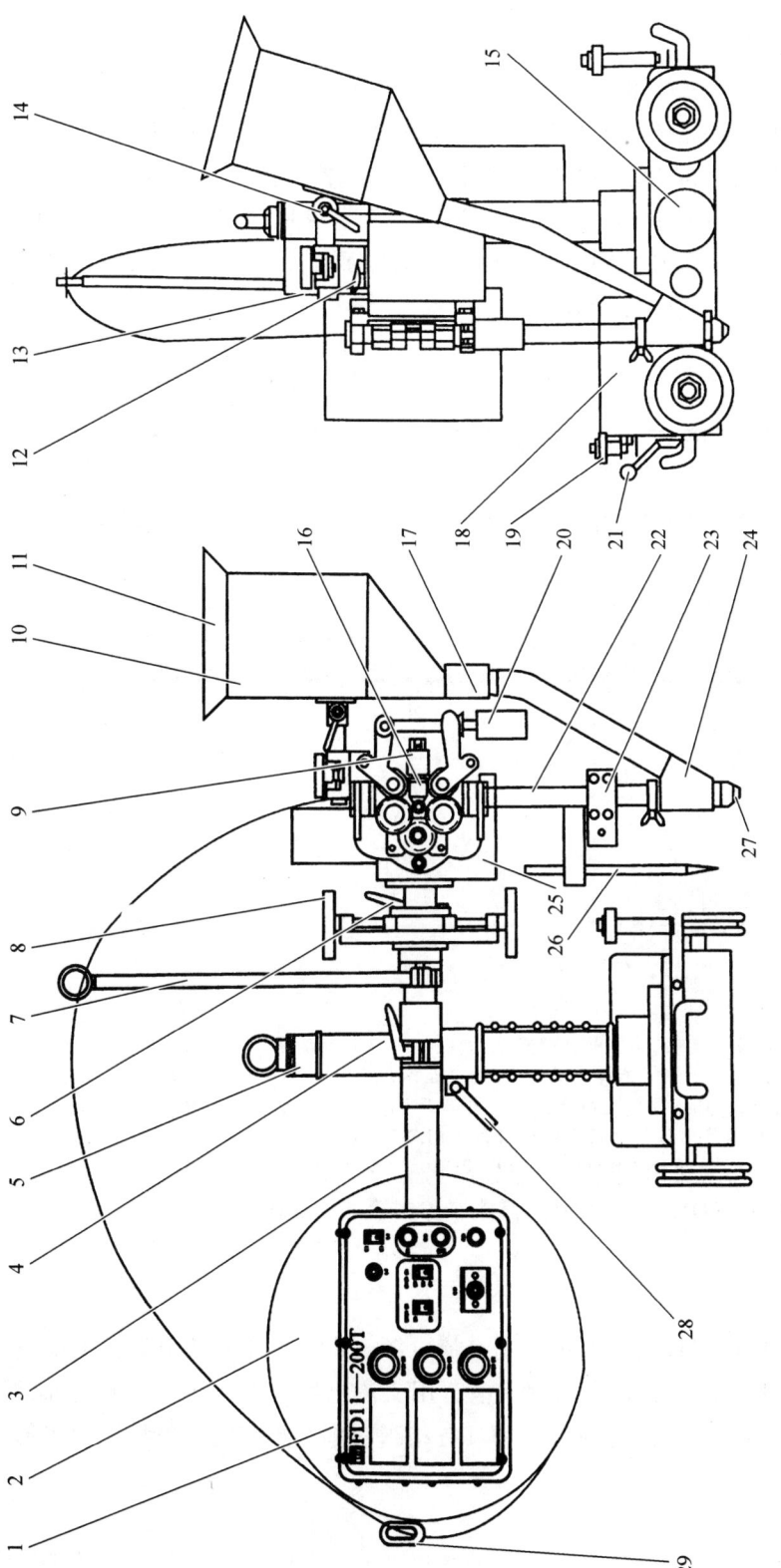

1—控制箱；2—焊丝盘；3—横梁；4—可调位紧定手柄（一）；5—立柱；6—可调位紧定手柄（二）；7—导丝架；8—升降拖板手轮；9—校直轮；10—焊剂斗；11—焊剂斗滤网；12—可调位紧定手柄（三）；13—星形手柄；14—可调位紧定手柄（四）；15—波形手柄；16—送丝托架总成；17—料斗开关；18—机座；19—定位轮；20—压力调节手柄；21—行走离合器手柄；22—焊枪杆；23—2号电极；24—焊剂漏斗；25—送丝电动机减速箱；26—指针；27—2号电嘴；28—可调位紧定手柄（五）；29—腰形导丝环

图 4-1-2 FD11-200T 型埋弧焊焊接小车结构示意图

2. MZP-1000 型控制箱

焊机中较大的电气元件多数安装在控制箱内，主要用来控制和调节焊接工作参数，如调节焊接速度、焊机电流、焊接电压及电源、送丝等机构的控制等。MZP-1000 型控制箱安装有一台电动机与发电机组，还有中间继电器、接触器、控制变压器、整流器、镇流电阻、互感器等元件。在控制箱正面的一侧装有一个操纵用的三相电源开关和电源控制线圈，另一侧接动力电源和控制电源。控制箱结构示意图（以 FD12-200T 型示意，其他类型与之相同），如图 4-1-3 所示。

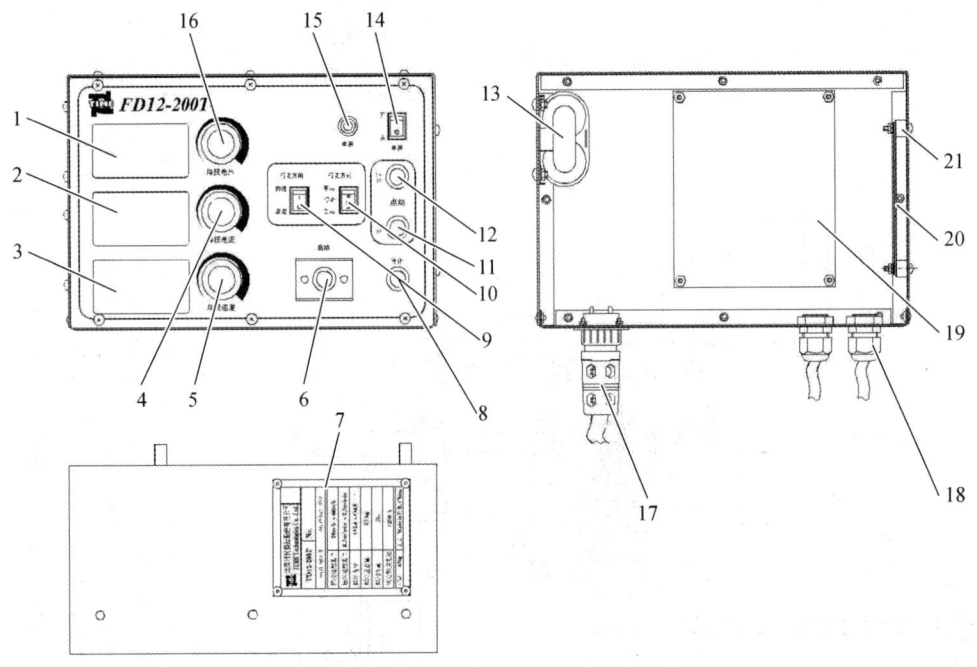

1—电压表；2—电流表；3—焊接速度表；4—电流调节电位器；5—焊接速度调节电位器；6—启动按钮；7—铭牌；8—停止按钮（红）；9—选择开关 S3；10—选择开关 S2；11—点动送丝按钮；12—点动抽丝按钮；13—控制变压器；14—电源开关 S1；15—电源指示灯；16—电压调节电位器；17—电连接器（PLS-2816-PF+RM）；18—连接器；19—PCB04T 板；20—PCB05 板；21—垫块。

图 4-1-3　FD12-200T 型埋弧焊小车控制箱结构示意图

3. 焊接电源

MZ-1000 型埋弧焊焊机焊接电源既可选用交流电源，也可选用直流电源。大电流埋弧焊宜用交流电，较小电流埋弧焊宜用直流电，用交流电稳定性差些。交流电源常配用 BX2-1000 型焊接变压器，直流电源可配用具有相当功率并具有陡降外特性的直流弧焊机或焊接整流器。

三、埋弧焊的焊接工艺参数

埋弧自动焊的工艺参数主要包括焊接电流、电弧电压、焊接速度、焊丝直径、焊丝伸出长度、焊丝与焊件表面的相对位置、电源种类和极性、焊剂种类及焊件的坡口形式等。以上参数共同影响和决定焊缝的质量,其中,焊接电流和电弧电压对焊缝质量影响最大。

1. 焊接电流

通常条件下,焊缝熔深与焊接电流成正比。随着焊接电流的增加,焊缝熔深和余高都显著增加,而焊缝的宽度变化不大。电流过大时,焊缝熔深和余高过大,容易产生热裂纹和烧穿等缺陷;电流过小时,焊缝熔深和余高过小,容易产生未焊透及夹渣等缺陷。

2. 电弧电压

随着电弧电压的增加,焊缝宽度显著增加,而熔深和焊缝余高则有所下降。电弧电压过大时,电弧过长,造成电弧燃烧不稳定,容易出现气孔及咬边等缺陷,同时焊剂的消耗量将显著增加,造成不必要的浪费。电弧电压过小时,焊缝熔深和余高较大,不利于获得良好的焊缝成形。

根据以上分析可知,焊接电流主要决定焊缝熔深和余高,而电弧电压主要决定焊缝宽度,因此,为了获得良好的焊缝成形,在实际生产中,焊接电流般与电弧电压配对使用。交流电源使用 5 mm 直径焊丝时,焊接电流与电弧电压的配对关系如表 4-1-2 所示。

表 4-1-2　焊接电流与电弧电压的匹配关系

焊接电流/A	600~700	700~850	850~1 000	1 000~1 200
电弧电压/V	36~38	38~40	40~42	42~44

3. 焊接速度

当其他参数不变时,增加焊接速度,焊接的热输入量相应地减小,从而使焊缝熔深和宽度减小。焊接速度过大时,焊缝熔深和宽度减小,容易产生咬边、气孔等缺陷;若焊接速度过小,熔池满溢,容易产生余高过大、成形粗糙及未熔合等缺陷。如图 4-1-4 所示。

4. 焊丝倾斜角度

对接焊缝埋弧焊的焊丝通常是垂直于焊件钢板的,但有时也采用倾斜焊丝进行焊接。焊丝顺焊接方向倾斜,称为焊丝前倾;焊丝背着焊接方向倾斜,称为焊丝后倾。

焊丝前倾时，倾斜的电弧吹力能把熔池中的液态金属向后推移，使电弧可进一步潜入基体金属，熔深增大，而熔宽减小，余高增大。焊丝后倾时，电弧把液态金属吹在未熔化的基体金属上，液态金属阻碍了电弧潜入基体金属，使熔深减小，同时电弧浮在上面，其活动范围增大，结果使熔宽增大，而余高减小。利用焊丝前倾，可以获得熔深较深的焊缝；焊丝后倾用于焊接薄板，可以避免烧穿。

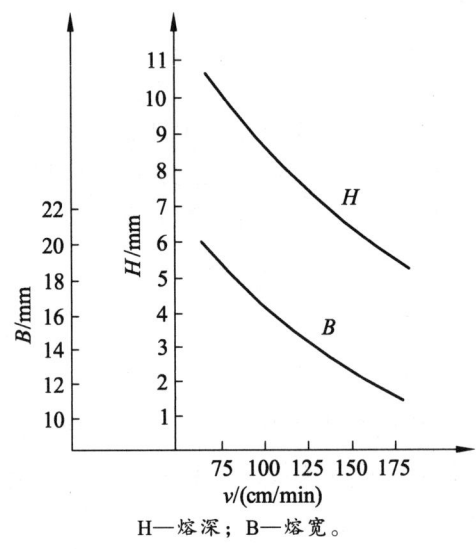

H—熔深；B—熔宽。

图 4-1-4　焊接速度对成形的影响

5. 焊件倾斜角

焊件与水平面的倾斜度 β 称为焊件倾斜角。当焊件倾斜时，按焊接方向有下坡焊和上坡焊之分，合理的倾角为 6°～8°。当进行上坡焊时，β 角对焊缝成形的影响如图 4-1-5（a）所示。熔池液体金属在重力和电弧作用下流向熔池尾部，电弧能深入到熔池底部，使焊缝厚度和余高增加，宽度减小。如上坡角度 β 大于 12° 时，成形会恶化，因此，自动焊时，实际上总是避免采用上坡焊。下坡焊的情况正好相反，如图 4-1-5（b）所示，但角度 β 大于 8° 时，则会导致未焊透和熔池铁水溢流，使焊缝成形恶化。

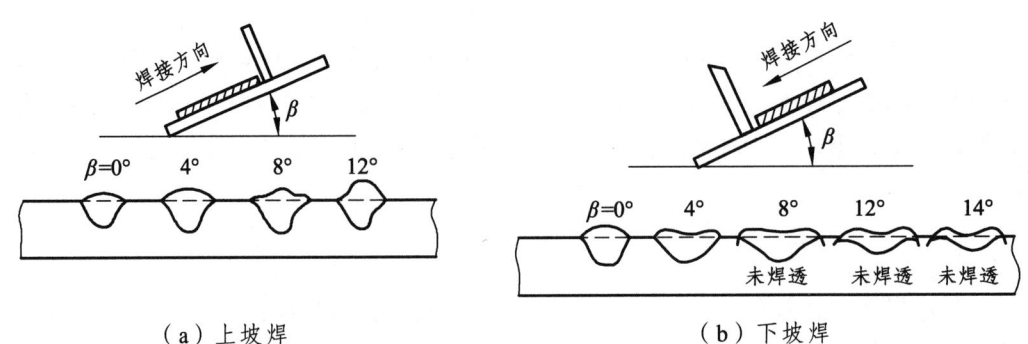

（a）上坡焊　　　　　　　　　　（b）下坡焊

图 4-1-5　焊件倾斜角对焊缝成形的影响

6. 坡口尺寸

增加坡口的深度和宽度,焊缝熔深增加,熔宽减小,余高和熔合比则显著减小,通常可以用开坡口的方法控制焊缝的余高和熔合比,如图4-1-6所示。在对接焊缝中,改变间隙大小也可以作为调整熔合比的一种手段,而单面焊道完全熔透板厚时,改变间隙对熔合比几乎不起作用。埋弧焊由于使用的焊接电流较大,对于厚度在12 mm以下的板材,可以不开坡口,采用双面焊接,以达到全焊透的要求。厚度为12~20 mm的板材,为了达到全焊透,在单面焊后,焊件背面应清根,再进行焊接。

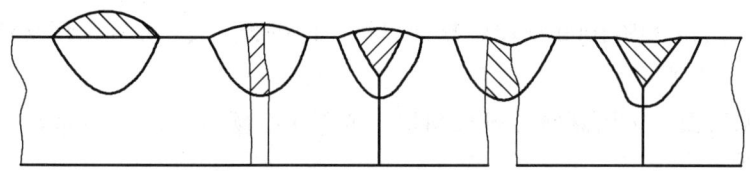

图4-1-6 坡口形状对焊缝成形的影响

7. 焊丝直径与伸出长度

焊接电流不变时,减小焊丝直径,因电流密度增加,熔深增大,焊缝成形系数减小。因此,焊丝直径要与焊接电流相匹配,见表4-1-3。

表4-1-3 不同直径焊丝的焊接电流范围

焊丝直径/mm	2	3	4	5	6
电流密度（A/mm²）	63~126	50~85	40~63	35~50	28~42
焊接电流/A	200~400	350~600	500~800	500~800	800~1 000

焊丝伸出长度是从导电嘴端算起的。若伸出导电嘴外的焊丝长度过大,则电阻增加,焊丝熔合速度加快,使焊缝余高增加。反之,若伸出长度短,则可能烧坏导电嘴。使用细焊丝时,其伸出长度 L 与焊丝直径 d 的关系按下式计算:

$$L = (6 \sim 10)d$$

式中：L——焊丝伸出长度,mm;

d——焊丝直径,mm。

8. 焊剂层厚度

焊剂层厚度增大时,熔宽减小,熔深略有增加。焊剂层太薄,电弧保护不好,容易产生气孔或裂纹；焊剂层太厚,焊缝变窄,成形系数减小。焊剂颗粒度增加,熔宽加大,熔深略有减小；但厚度过大,不利于熔池保护,易产生气孔。合理的厚度应为9~20 mm。

> 任务实施

1. 操作要点

引弧和收弧的要领；灵活调整焊接工艺参数的技巧；埋弧焊机操纵、平敷焊、平对接焊的操作技能。

2. 焊前准备

（1）焊接设备：MZ-1000型埋弧自动焊机，其外部接线（分别采用交流或直流弧焊电源）如图4-1-7所示。

（2）碳弧气刨：采用侧面送风式刨枪，镀铜实心碳棒（直径6 mm），硅整流器弧焊电源及其外部接线，

（3）焊剂：HJ401-H08 A，焊前进行烘干。

（4）焊丝：H08 A，直径4 mm、6 mm。

（5）焊件：低碳钢板，准备两种：长×宽×厚为500 mm×125 mm×10 mm，每组两块；长×宽×厚为800 mm×125 mm×40 mm，每组两块。

（6）引弧板和引出板：低碳钢板，长×宽×厚为100 mm×100 mm×10 mm。

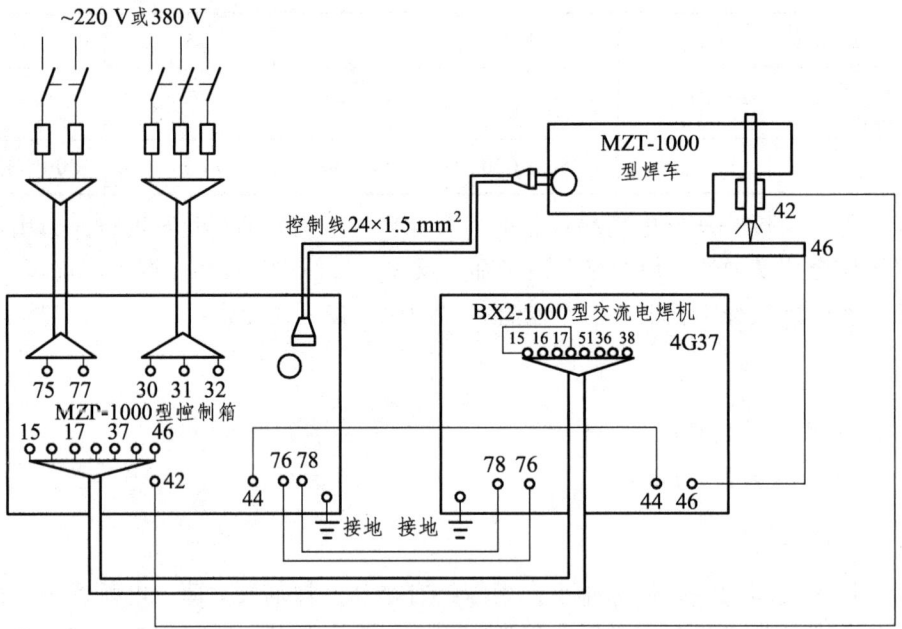

（a）采用交流弧焊电源

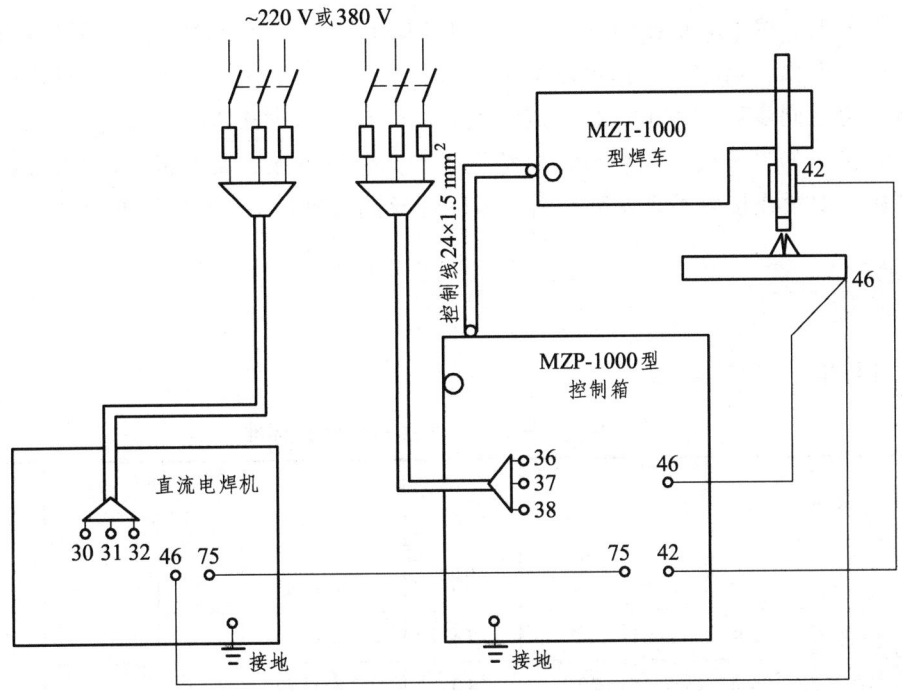

（b）采用直流弧焊电源

图 4-1-7　MZ-1000 型埋弧自动焊机的外部接线图

3. 操作要领

平敷焊操作。取厚度 10 mm 的钢板，沿 500 mm 长度方向每隔 50 mm 划一道粉线作为平敷焊焊道准线，然后将焊件处于架空状态焊接（本小节涉及件号见图 4-1-7）。

（1）引弧前的操作步骤。

① 检查焊机外部接线是否正确。

② 调整轨道位置，将焊接小车放在轨道上。

③ 将盘绕好的焊丝盘夹在固定位置上，然后把焊剂装入焊剂漏斗内。

④ 接通焊接电源和控制箱电源。

⑤ 调整焊丝位置，并按动控制盘上的按钮 37 中的"向上"或"向下"按钮，使焊丝向上或向下对准待焊处中心，并与焊件表面轻轻接触。调整导电嘴使焊丝伸出长度 5~8 mm。

⑥ 将开关 33 转到焊接位置上。

⑦ 按焊接方向将自动焊车的换向开关 36 转到向前或向后的位置。

⑧ 调节焊接工艺参数：选择 H08A 焊丝，直径 4 mm；焊接电流 640~680 A；焊弧电压 34~36 V；焊接速度 36~40 m/h，可分别调节旋钮 32、31、30 来获得。

⑨ 将离合器 35 手柄向上扳，使主动轮与焊接小车减速器相连接。

⑩ 开启焊剂漏斗阀门 14，使焊剂堆敷在始焊部位。

(2)引弧。按下启动按钮2，焊丝会自动向上提起（由接触状态），随即焊丝与焊件之间产生电弧，当达到电弧电压给定值时，焊丝便向下送进。当焊丝的送给速度与焊丝熔化速度同步后，焊接过程稳定。此时，焊接小车也开始沿轨道行走，焊机进入正常的焊接。如果按启动按钮后，焊丝不能上抽引燃电弧，而把机头顶起，表明焊丝与焊件接触太紧或接触不良。需要适当剪断焊丝或清理接触表面，再重新引弧。

任务评价

评分标准参照表4-1-4。

表4-1-4 埋弧焊平对接操作评分标准

序号	考核项目	考核内容及要求	配分	评分标准	检测结果		得分
					自测	教师检测	
1	焊机操作	操作熟练	10	酌情扣分			
2	工艺参数调节	选择合理	15	酌情扣分			
3	焊缝宽度/mm	15~20	10	超差全扣			
4	焊缝宽度差/mm	≤1.5	10	超差全扣			
5	焊缝余高/mm	0~3	10	超差全扣			
6	焊缝余高差/mm	≤1	10	超差全扣			
7	错边量	≤10%板厚	5	超差全扣			
8	变形量/(°)	≤3	5	超差全扣			
9	焊缝外观成形	波纹均匀、细腻	25	酌情扣分			

思考与练习

（1）埋弧焊与手工电弧焊相比有哪些特点？
（2）埋弧焊的对接焊中你掌握了哪些要领？

知识拓展

埋弧焊焊丝、焊剂

1. 埋弧焊焊丝

（1）埋弧焊焊丝的作用及特点。

埋弧焊焊丝的作用：作为电极，引燃电弧，维持电弧燃烧；作为熔敷金属，构成焊缝。埋弧焊焊丝直径的规格有 1.6 mm、2.0 mm、2.5 mm、3.2 mm、4.0 mm、5.0 mm、6.0 mm。有的焊丝表面镀铜，主要是为了防止生锈。也有在光焊丝表面涂上不影响焊缝质量的防锈涂料。埋弧焊焊丝是绕成盘圈状供应的，每盘（捆）质量为 10 kg、25 kg、30 kg、45 kg、50 kg、70 kg、90 kg。

焊丝表面的油、锈及拔丝用润滑剂都要清理干净，以免污染焊缝造成气孔。有些焊丝表面镀有一薄层铜，可防止焊丝生锈，并使导电嘴与焊丝间的导电更为可靠，提高电弧稳定性。对这种镀铜焊丝，焊前只需清除表面油脂即可使用。

（2）埋弧焊焊丝的牌号。

焊丝牌号举例（见图 4-1-8）：

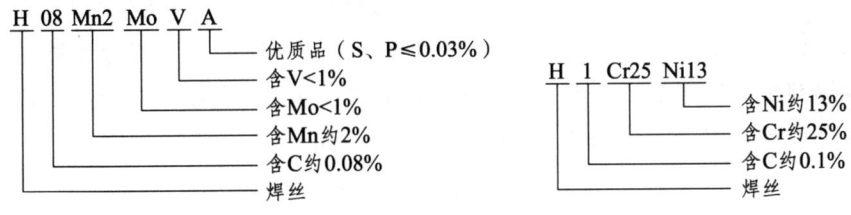

图 4-1-8　焊丝牌号

埋弧焊使用的大多数是实心焊丝，其牌号具体编制方法如下：

① 字母"H"表示焊丝，是"焊"字拼音的首位字母。

② "H"后一位或两位数字，表示焊丝平均含碳量。

③ 数字后有化学元素符号及跟随的数字，表示该元素含量的近似百分数。当某元素含量为 1%或不足 1%时，可省略数字，只标元素符号。

④ 焊丝牌号尾部有"A"或"E"时，分别表示"优质品"或"高级优质品"，表明焊丝含 S、P 杂质少或更少。

2. 埋弧焊焊剂

埋弧焊焊剂牌号是由生产工厂按照定的规则来编排的。焊剂是具有一定粒度的颗粒状物质，在焊接过程中焊剂的作用相当于焊条药皮，其熔化形成熔渣，对焊接熔池起保护、冶金处理和改善焊接工艺性能的作用，烧结焊剂还具有渗合金作用。焊剂的焊接工艺性能和化学冶金性能是决定焊缝金属化学成分和性能的主要因素之一，在低碳钢和低合金钢焊接中一种焊丝可与多种焊剂合理组合。

（1）对焊剂的要求。

① 应具有良好的冶金性能，配以适当的焊丝和合理的焊接工艺，焊缝金属应能得到适宜的化学成分和良好的力学性能以及较强的抗冷裂纹和热裂纹能力。

② 应具有良好的工艺性、电弧燃烧稳定，熔渣具有适宜的熔点、黏度和表面张力。焊缝成形良好、脱渣容易，焊接过程中产生的有害气体要少。

③ 要有定的颗粒度和颗粒强度，以利于多次回收使用。焊剂的颗粒度分为两种：

普通颗粒度焊剂的粒度为 2.5~0.45 mm（8~40 目），用于普通埋弧焊和电渣焊；细颗粒度焊剂的粒度为 1.25~0.28 mm（14~60 目），适用于半自动或细丝埋弧焊。

④ 焊剂应有较低的含水量和良好的抗潮性，焊剂含水量的质量分数不得大于 0.2%；焊剂在温度 25 ℃、相对湿度 70% 的环境条件下，放置 24 h 时吸潮率不应大于 0.15%。

⑤ 焊剂应有较低的 S、P 含量，一般为 S≤0.06%，P≤0.08%。

（2）焊剂的牌号。

熔炼焊剂是埋弧焊剂中常用的一种焊剂，其牌号格式为："HJ×××"。HJ 表示埋弧焊及电渣焊用熔炼焊剂的牌号。HJ 后面有三位数字，第一位数字表示焊剂中 MnO 的含量，含量范围见表 4-1-5。第二位数字表示焊剂中 SiO_2、CaF_2 的含量，见表 4-1-6。牌号的第三位数字表示同一类型焊剂的不同牌号。对同种牌号的两种颗粒度的焊剂，在细颗粒焊剂牌号后面加个"细"字。例如，HJ431 细表示高锰高硅低氟型埋弧焊及电渣焊用熔炼焊剂，牌号编号为 1，焊剂粒度为 14~60 目。

表 4-1-5　焊剂牌号与 MnO 含量

牌号	焊剂类型	MnO 含量/%
HJ1××	无锰	<2
HJ2××	低锰	2~15
HJ3××	中锰	15~30
HJ4××	高锰	>30

表 4-1-6　焊剂牌号与 SiO_2、CaF_2 含量

牌号	焊剂类型	SiO_2 含量/%	CaF_2 含量/%
HJ×1×	低硅低氟	<10	<10
HJ×2×	中硅低氟	10~30	<10
HJ×3×	高硅低氟	>30	<10
HJ×4×	低硅中氟	<10	10~30
HJ×5×	中硅中氟	10~30	10~30
HJ×6×	高硅高氟	>30	10—30
HJ×7×	低硅高氟	<10	>30
HJ×8×	中硅高氟	10~30	>30
HJ×9×	待发展		

3. 埋弧焊焊丝与焊剂的选配

埋弧焊选用焊丝和焊剂时,通常是先选定焊丝后选焊剂。埋弧焊焊剂与焊丝的选配是焊制高质量焊接接头的决定性因素之一,是制定埋弧焊工艺过程的重要环节。在进行埋弧焊用焊剂与焊丝的选配时,应着重考虑埋弧焊的工艺特点和冶金特点。

(1) 稀释率高。

在不开坡口对接单道焊或双面焊以及开坡口对接的根部焊道焊接时,由于埋弧焊焊缝熔深大,母材大量熔化,混入焊缝金属,稀释率可高达 70%。在这种情况下,焊缝金属的成分在很大程度上取决于母材的成分,而焊丝的成分不起主要作用。因此,选用合金元素含量低于母材的焊丝进行焊接,并不降低接头的强度。例如,Q345 钢不开坡口对接接头,可选用锰含量比母材低的 H08MnA 焊丝和 HJ431 焊剂。

(2) 热输入量高。

埋弧焊是一种高效焊接方法,为获得高的熔敷率,通常选用大电流焊接。因此,焊接过程中就产生了高的输入热量,结果降低了焊缝金属和热影响区的冷却速度,也就降低了接头的强度和韧度。因此,在厚板开坡口焊接时,应选用合金成分略高于母材的焊丝并配用中性焊剂。

(3) 焊接速度快。

埋弧焊一般的焊接速度为 25 m/h,最高的焊接速度可达 100 m/h。在这种情况下,焊缝良好的成形不仅取决于焊接参数的合理选配,也取决于焊剂的特性。硅钙型、锰硅型及氧化铝型焊剂能满足高速埋弧焊的要求。

推荐采用的各种常用钢材埋弧焊焊丝-焊剂组合见表 4-1-7。

表 4-1-7 各类常用钢材埋弧焊焊丝-焊剂组合表

序号	适用钢种	推荐用焊丝/焊剂	
		焊丝牌号	焊剂牌号
1	Q235A、B、C、D,10,15,20,Q255A、B	H08A,H08E	HJ431,SJ401,SJ501,HJ430
2	20g,20R,Q235g	H08MnA	HJ431,SJ401,SJ501,HJ430
3	Q295(09MnV,09MnNb,09Mn2)	H08MnA	HJ431,SJ401,SJ501,HJ430
4	Q345(12MnV,14MnNb,18Nb),16Mng,Q345R,19Mng	H08MnA	HJ431,SJ401,SJ501,HJ301
		H10Mn2	
		H08MnA	HJ350,SJ401,SJ501,HJ301
5	Q390(15MnV,15MnT,16MnNb,15MnVR,15MnVNR,Q370q)	H08MnA	HJ350,SJ10,SJ201,SJ301
6	Q420(15MnVN,14MnVTRE),15MnVNR,Q420q	H08MnMo	HJ350,SJ10,SJ201,SJ301
7	Q460,18MnMoNbR,13MnNiCrMoNbg,13MnNiMoR	H08Mn2Mo	HJ250(HJ250+HJ350),SJ10,SJ201

任务 2 对接板埋弧焊

【技能点】
☆ 掌握埋弧焊的操作技能;
☆ 掌握单面焊双面成形的操作技能;
☆ 对接板的定位焊。

【知识点】
☆ 焊接接头形式和焊缝形式;
☆ 焊接工艺参数。

任务提出

（1）继续熟练埋弧自动焊机的操纵。
（2）熟知埋弧焊的坡口加工和焊件装配工艺。
（3）掌握埋弧焊对接平焊操作技术。

任务分析

本任务是埋弧焊基本操作训练，要求学生通过训练能熟练掌握焊机引弧和收弧的基本操作，并能根据焊件的焊接状况调整焊接工艺参数。

相关知识

一、埋弧焊的 I 形坡口

1. 埋弧焊的 I 形坡口形式及尺寸

埋弧焊是大电流焊接工艺，获得的熔深很大。通常板厚超过 14 mm 才开坡口，为《埋弧焊的推荐坡口》（GB/T 985.2—2008）中 I 形坡口的基本形式及尺寸；钢板厚度在 14 mm 以下，可采用 I 形坡口对接进行悬空双面埋弧焊。对接接头装配时不留间隙，或留很小的间隙（≤1 mm），焊第一面焊缝要求熔深略小于板厚的50%，焊第二面焊缝的熔深要达到板厚的 60%~70%，保证两面焊缝熔深交搭 2~4 mm。若未交搭，就是未焊透缺陷，见表 4-2-1。

表 4-2-1　I 形坡口形式及尺寸

序号	焊缝				坡口形式和尺寸			
	工件厚度 t/mm	名称	基本符号	焊缝示意图	横截面示意图	坡口角 α 或坡口面角 β	间隙 b、圆弧半径 R/mm
1	$3 \leq t \leq 12$	单面平对接焊缝	‖			—	$b \leq 0.5t$，最大 5
2	$3 \leq t \leq 20$	双面平对接焊缝	‖			—	$b \leq 2$

2．坡口的清理

坡口上的铁锈斑、氧化皮、气割和碳刨的残渣、漆、油污、潮气等，会影响到埋弧焊焊缝的质量，产生气孔、夹渣、未焊透等缺陷。埋弧焊前必须清理坡口面及其两侧各 20 mm 范围内的这些污物，如图 4-2-1 所示。主要的清理方法有以下几种：

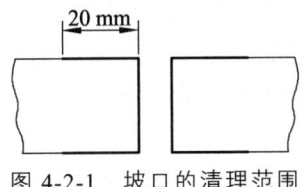

图 4-2-1　坡口的清理范围

（1）砂轮机磨削。

用电动砂轮机对坡口面进行磨削，可使钢板露出金属光泽。砂轮磨削还可对焊缝表面进行修整，清除焊缝的缺陷及装配的"马脚"等。

（2）钢丝刷。

钢丝刷用来扫除落在坡口中的垃圾（如焊渣等）。焊后可用钢丝刷刷清焊缝趾部，观察咬边等缺陷。对于不锈钢焊件应该用不锈钢钢丝刷。

（3）用有机溶剂（丙酮）擦去油脂。

用有机溶剂擦坡口上的油脂污物，是最有效的脱脂方法。焊接不锈钢及有色金属时，该方法应用较为普遍。

（4）气体火焰加热。

气体火焰的高温可把氧化铁皮、油污烧掉，更为重要的是能去除坡口上的水分和潮气。埋弧焊前必须把留在坡口间隙（0~1 mm）内的潮气烘干清除。切忌对坡口稍微加热就将火焰移去，这样在母材的冷却作用下会生成水珠，水珠进入间隙内，将产生相反的效果，使焊缝产生更多的气孔。

3. I 形坡口的定位焊

定位焊是为固定各焊接零件之间相对位置而进行的焊接工作。埋弧焊构件的定位焊工作通常是用焊条电弧焊或 CO_2 气体保护半自动焊来完成的。对于碳钢或低合金结构钢构件的定位焊应采用 E5015（J507）、E4315（J427）焊条或者采用 H08Mn2SiA 焊丝。对于 I 形坡口对接焊，定位焊缝的厚度不应高出钢板表面 1 mm。

二、埋弧焊引弧、熄弧焊接操作技术

1. 引　弧

引弧是焊接工作的开始，引弧技术的好坏直接影响着焊接质量，首先要学会引弧（引燃电弧）。埋弧焊的引弧方法有很多种，在工业生产中最常用的方法有：钢绒球引弧法、尖焊丝端引弧法和短路抽丝引弧法等。

（1）钢绒球引弧法。

钢绒球引弧法是将直径约 10 mm 的钢绒球放置在引弧点上，然后将焊丝对准钢绒球轻轻下压，使焊丝、钢绒球和焊件表面三者连成通路，撒上焊剂做好引弧的准备。按下启动开关，接通焊接电源，电流通过钢绒球，立即使钢绒球局部熔化而引燃电弧。由于钢绒球的化学成分不可能与被焊钢材的成分相同，因此，只有在引弧板上引弧时，才能采用这种引弧方法。在封闭的环缝中不宜采用钢绒球引弧法，因为，钢绒球熔化后会与焊接熔池混合而局部改变焊缝金属的成分。

（2）尖焊丝端引弧法。

尖焊丝端引弧法是把焊丝剪成尖头，然后将焊丝下送到工件，形成良好接触，周围撒上焊剂。按启动按钮，接通焊接电源，短路电流通过点接触的焊丝尖端，高的电流密度很快把焊丝尖端熔化，引燃电弧。这种引弧方法适用于细焊丝。

（3）短路抽丝引弧法。

短路抽丝引弧法是最可靠的引弧方法，但必须使用具有焊丝回抽功能的焊机。采用这种引弧法应注意焊丝端无残留熔渣，焊件表面无氧化皮和锈斑，露出金属光泽，否则不易引弧成功。引弧时，将光洁的焊丝端缓慢送下，和钢板接触，接触的松紧程度是以推动焊车能使焊丝在钢板上划出金属光泽痕迹为准（若焊车推不动，说明接触太紧；若划不出痕迹，则接触太松），焊丝周围撒上焊剂。若使用 MZ1-1000 型埋弧焊机，按下启动按钮不放，接通焊接电源，焊丝上抽，引燃电弧，松开启动按钮，焊丝立即下送，正常焊接。若是使用 MZ-1000 型埋弧焊机，按启动按钮后接通焊接电源，焊丝上抽，引燃电弧，电弧逐渐拉长，待拉长到一定长度，电弧电压达一定数值后，焊丝转为下送，正常焊接。

2. 熄 弧

埋弧焊时，由于焊接熔池体积较大，熄弧后会形成较大的弧坑，如不做适当填补，弧坑处往往会形成放射性的收缩裂纹。在某些焊接性较差的钢中，这种弧坑裂纹会向焊缝主体扩展而必须返修补焊，为在焊接结束前的熄弧过程中对弧坑进行填补，在埋弧焊设备中大都装有收弧程序开关，以 MZ-1000 型埋弧焊机为例，埋弧焊的熄弧工作通常分两步进行（埋弧焊机上设置熄弧程序开关）：

（1）按"停 1"按钮。

焊丝给送电动机和焊车电动机的电源被切断，而焊接电源未切断，这时靠电动机的惯性，焊丝继续向下送一段距离，电弧继续燃烧，电弧被拉长，熔化焊丝填入弧坑。

（2）按"停 2"按钮。

切断焊接电源，焊接工作停止。这样的操作顺序，主要是防止焊丝粘于熔池中，但不一定能充分填满弧坑。若要充分填满弧坑，可在熄弧前先将焊车行走的离合器打开，焊车停止，焊接电源仍有，焊丝不断下送，电弧继续燃烧，于是可以填满弧坑；接着按"停 1"按钮，焊丝电动机断电；最后按"停 2"按钮，焊接电源切断，焊接工作全部停止。

3. 引弧板和熄弧板

因为引弧时钢板是冷的，热量不够，刚开始焊接时的工艺参数也不可能立即转入正常焊接的工艺参数，所以埋弧焊引弧处的焊缝质量是差的，引弧端头常有未焊透及夹渣等缺陷。熄弧处由于存在弧坑，焊缝的余高较低，难以满足强度要求，有时也会出现气孔和裂纹等缺陷。在多层焊中引弧端头和熄弧弧坑若是层层重叠，焊缝质量更差，为此有必要将引弧端头和熄弧弧坑进行切除。在生产中通常在正式焊缝的始端和终端分别装上引弧板和熄弧板，使引弧端头和熄弧弧坑都落在正式焊缝之外。图 4-2-2 所示为不开坡口 I 形对接缝的引弧板和熄弧板，可直接用等厚度钢板制成，熄弧板的坡口及尺寸等同于引弧板，两者可以通用。引弧板和熄弧板统称为工艺板。如果焊件有坡口时，引弧板和熄弧板也要有与工件相同的坡口。

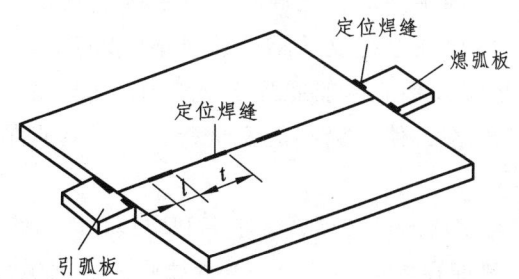

图 4-2-2　I 形坡口的引弧板、熄弧板及定位焊缝

三、埋弧焊安全用电技术及其他安全技术

1. 埋弧焊的安全用电技术

（1）焊接作业前，应先检查焊机设备、操作机及工夹具是否安全可靠，机壳的接地是否良好，接地电阻不得大于 4 Ω。

（2）埋弧焊机的小车轮子要有良好的绝缘，导线应绝缘良好，工作过程中应理顺导线，防止扭转及被熔渣烧坏。

（3）控制箱和焊机外壳应可靠接地（零）和防止漏电，接线板外壳必须盖好。焊接电缆应尽量用整根的长导线，且有足够的截面（可用两根长导线并联），如需要电缆接长时，接头连接必须牢固可靠，并外包绝缘包布，保证绝缘良好。

（4）焊机应平稳安放在通风良好、干燥的地方，保持清洁干净，防止较大的振动和碰撞。安放在室外时，必须有防雨雪措施。

（5）焊工在推拉闸刀开关时，应戴好绝缘手套，人必须站在侧面，动作应迅速，防止触电和电弧灼伤。

（6）在选择焊接工艺参数时，不要使焊接电流达到焊机超载工作状态，长时间的超载会使焊机寿命缩短，电缆橡胶损坏甚至过载而烧环焊机。

（7）电焊设备的安全检查、外部接线及故障修理是由电工负责的，焊工不得随意拆修设备和更换熔丝等。

（8）焊机在使用中如发现故障，焊工应立即切断电源，然后通知电工检查修理。

（9）埋弧焊大电流工作时，电弧电压可高达四十几伏，这个电压值大于安全电压，所以不宜在此情况下，赤着手去触摸焊丝。在调整送丝机构及焊机工作时，手不得触及送丝机构的滚轮。

（10）焊接工作结束，在离开施工现场前，必须切断电源，关掉焊机。

2. 其他安全技术

（1）凡在坠落高度基准面 2 m 以上（含 2 m），并有可能坠落的高处进行的作业，称为高处作业。高处作业的主要危险是高处坠落事故。例如，在进行船体甲板大接缝单面埋弧焊时，焊工需要在接缝反面粘贴软衬垫（PAB 法）或陶质衬垫（CO_2 气体保护焊打底）。船体甲板大接缝离船底远超过 2 m，粘贴衬垫属高处作业。焊工在高空作业，必须戴好安全帽，使用标准的安全带，安全绳的保险钩要系扣在牢固的结构件上。

（2）埋弧焊焊工在敲熔渣时，必须戴好手套和眼镜，以防止灼热的熔渣烫伤人体。

（3）埋弧焊是把电弧埋在焊剂层下的，若埋弧焊的焊剂层太薄或焊剂供应中断，电弧就会露光。电弧光除了可见光线外，还有紫外线和红外线。紫外线会引起电光性眼炎，红外线和可见光线能引起结膜炎和网膜炎。弧光照射到焊工外露的皮肤，会产

生火燎燎的感觉，严重的会引起皮炎、红斑和小水泡渗出等皮肤病。应该使用挡光板使人体免受弧光的伤害，穿戴好个体防护用具。

（4）埋弧焊只在平位置焊接，没有飞溅和熔滴垂落，所以由埋弧焊引起的火灾事故是很少的。但是在无衬垫埋弧焊时，若发生烧穿现象，大的熔滴也会落下，有可能引起火灾。为了预防万一，必须将接缝下面的易燃物移离。

（5）埋弧焊的除锈和打磨，都会使金属灰尘飞扬，为了防止将其吸入肺部，焊工应戴好防尘口罩进行工作。在多层埋弧焊清渣时，也应戴好防尘口罩。

（6）埋弧焊的焊接电缆和控制线又粗、又多，焊工拖移时，遇到盘绕要花很大的力气，而一旦电缆解脱松开，往往会使焊工向后跌倒，造成伤害。故拖拉电缆时用力要适当，脚要站稳，防止跌倒。

任务实施

1. 焊前准备

（1）焊机：MZ-1000 型埋弧自动焊机。

（2）焊剂：焊剂牌号 HJ431（焊剂型号 I-U401-H08 A），使用前在 250 ℃下烘干 2 h。

（3）焊丝：H08 A，直径为 5 mm。

（4）焊件：Q235 钢板，长×宽×厚为 500 mm×120 mm×14 mm，两块组对，一组焊件。

（5）引弧板和引出板：Q235 钢板，引弧板和引出板长×宽×厚均为 100 mm×100 mm×14 mm。

（6）装配及定位焊：将焊件待焊处两侧 20 mm 范围内的铁锈、污物清理干净后，平放组对平台上，留出 4 mm 的根部间隙，错边量不大于 1.4 mm，反变形量为 3°，引出板和引弧板分别在焊件的两端进行定位焊，如图 4-2-3 所示。

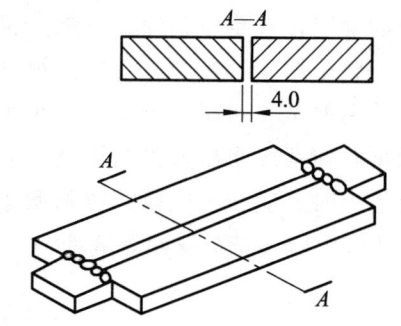

图 4-2-3　中厚板对接平焊焊件装配示意图

2. 焊　接

（1）确定焊接工艺参数。

先焊背面焊缝并达到一定的熔深后，再焊正面焊缝，操作方法同埋弧自动焊平敷焊。

将装配好的焊件置于焊剂垫上，如图 4-2-4 所示。焊剂垫的作用是避免焊接过程中液态金属和熔渣从接口处流失。简便易行的焊剂垫是在接口下面安放一根适当规格的槽钢，并撒满符合工艺要求的焊剂，将焊剂在纵向堆成直线形的尖顶。焊件安放时，接口要对准焊剂垫的尖顶线，并锤击钢板使焊剂垫实。然后用木楔垫在焊件两侧，将焊件找平。

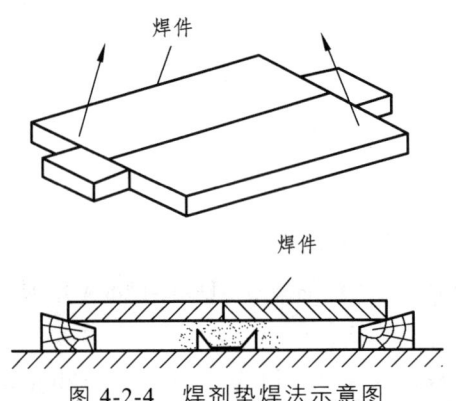

图 4-2-4　焊剂垫焊法示意图

（2）焊接背面焊缝。

将焊接小车摆放好，调整焊丝位置，使焊丝对准根部间隙，往返拉动小车几次，保证焊丝在整条焊缝上均能对中，且不与焊件接触。

引弧前将小车拉到引弧板上，调整好小车行走方向开关，锁定行走离合器后，按动送丝、退丝按钮，使焊丝端部与引弧板轻轻地可靠接触。最后将焊剂漏斗阀门打开，让焊剂覆盖焊接处。

引弧后，迅速调整相应的旋钮，直至相关的工艺参数符合要求，电压、电流表指针摆动减小到焊接稳定为止。整个焊接过程中，均要注视电压、电流表和焊接状况，以及焊剂是否足够，机头上的电缆是否妨碍小车运行，小车运行速度是否均匀，焊接过程的声音是否正常等，根据具体情况作出适当的调整，以满足正常的工作要求。当焊接熔池离开焊件位于引出板上时，应马上收弧，收弧操作方法与平敷焊所述的方法相同。待焊缝金属及熔渣冷却凝固后，敲掉背面焊缝的渣壳，并检查焊缝外观质量。

任务评价

埋弧焊评分标准见表 4-2-2。

表 4-2-2 埋弧焊平对接操作评分标准

序号	考核项目	考核内容及要求	配分	评分标准	检测结果		得分
					自测	教师检测	
1	焊机操作	操作熟练	10	酌情扣分			
2	工艺参数调节	选择合理	15	酌情扣分			
3	焊缝宽度/mm	15～20	10	超差全扣			
4	焊缝宽度差/mm	≤1.5	10	超差全扣			
5	焊缝余高/mm	0～3	10	超差全扣			
6	焊缝余高差/mm	≤1	10	超差全扣			
7	错边量	≤10%板厚	5	超差全扣			
8	变形量/(°)	≤3	5	超差全扣			
9	焊缝外观成形	波纹均匀、细腻	25	酌情扣分			

思考与练习

（1）引弧和收弧有哪些操作要领？
（2）埋弧焊焊接过程中要做哪些调节？

知识拓展

埋弧焊焊缝外观检验

1. 焊缝外观检验

焊缝外观检验是最基本的检验方法，任何焊缝都必须先进行外观检验，检验合格后才能转入焊缝内部质量检验及其他检验，并做进一步检验（无损探伤、密封性试验等）。焊缝外观检验主要用肉眼和焊缝卡板、焊接检验尺、游标卡尺等量具进行观察和测量，有时还借助低倍放大镜进行检验，主要工具如图 4-2-5 所示。外观检验时要有良好的照明。外观检验要测出焊缝的外形尺寸，检验焊缝表面缺陷，对照技术标准，判定焊缝外形质量是否合格。外观检验比较简单且所需的检验工具最少，能检验焊缝表面的清理质量、焊缝几何形状、焊缝表面缺陷。焊缝外观检验是一种成本很低的质量控制手段。这种低成本还体现在能够在缺陷形成之初就发现它，并立即采取最为经济的纠正措施。例如，外观检验能够发现根部裂纹。根部裂纹在形成之初并进一步施焊前被发现而进行修补，和直到焊接完成以后再发现而进行修补所需的费用相比要少得多。在大多数情况下，大量的修补工作所导致的不单单是成本的增加，还需要重点考虑为完成修补所要花费的额外的工作时间。缺陷在形成之初就被发现，所需的修补时间最少，对整个工程进度的影响也最小。具体检验措施如下：

距离被检验的焊件较近时，眼睛与被检验焊件表面所成的视角不小于30°，或借助适当照明，利用反光镜调节照射角度，直接目视或借助 5~20 倍放大镜进行焊缝外观检验。

（2）距离被检验的焊件较远时，为看清焊缝，可借助望远镜、内孔管道镜、照相机等仪器，对焊接缺陷进行真伪分辨，其分辨能力应大于直接目视检验效果。

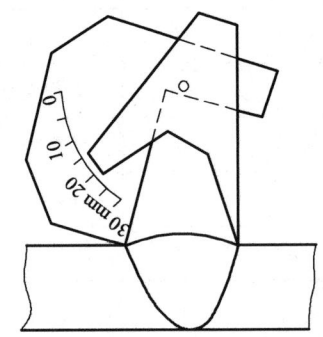

图 4-2-5　焊接检验尺测焊缝熔宽

2. 对接焊缝尺寸的检验

检查对接焊缝的尺寸主要是检查焊缝的余高 h 和熔宽 B，如图 4-2-6 所示，其中又以测量余高 h 为主。现行的一般标准只对焊缝余高有明确定量的规定和限制，而对焊缝宽度无定量规定，只要求焊缝宽度较均匀即可。

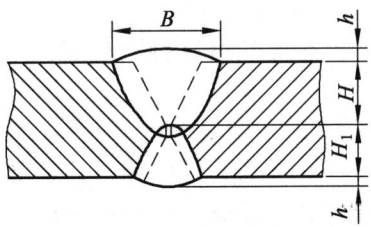

图 4-2-6　对接焊缝尺寸的检验

项目五

CO_2 气体保护焊

- 任务 1　CO_2 气体保护焊概述
- 任务 2　T 形接头 CO_2 气体保护焊
- 任务 3　中厚板 V 形坡口立对接板焊

任务 1 CO_2 气体保护焊概述

【技能点】
☆ 掌握 CO_2 气体保护焊的安全规范；
☆ 掌握 CO_2 气体保护焊的操作姿势；
☆ 掌握 CO_2 气体保护焊的工艺参数。

【知识点】
☆ 原理、分类、特点；
☆ 安全；
☆ 操作姿势；
☆ 运条方法焊接工艺参数。

任务提出

（1）懂得 CO_2 气体保护焊操作原理。
（2）掌握 CO_2 气体保护焊的优点及缺点。
（3）了解焊接中的安全文明生产要求。

相关知识

一、CO_2 气体保护焊工作原理

1. 气体保护焊的原理

气体保护电弧焊（简称气体保护焊）是以 CO_2 气体作为电弧介质并保护电弧和焊接区的电弧焊方法。

气体保护焊直接依靠从喷嘴中连续送出的气流，在电弧周围形成局部的气体保护层，使电极端部、熔滴和熔池金属处于保护气罩内，使其与空气隔绝，从而保证焊接

过程的稳定，获得质量优良的焊缝。

2. 气体保护焊的分类

按照机械化程度可分为手工、半自动和自动气体保护焊；按照焊丝类型可分为药芯焊丝和实心焊丝。

3. CO_2 气体保护焊的特点

（1）主要优点。

① 焊接成本低。CO_2 气体是化工企业和酿造企业的副产品，因此，其来源广、价格低；焊前对焊件的清理工作可以从简，焊后不需要除渣；消耗的焊接电能少，所以，CO_2 气体保护焊的成本只有埋弧焊或焊条电弧焊的 40% ~ 60%。

② 生产效率高。使用细焊丝焊接，焊接电流密度高达 100 ~ 200 A/mm^2，使熔深增大，焊丝熔化率高，熔敷速度加快；焊后没有焊渣，特别是在进行多层焊时，节省了时间。所以，此种方法的生产效率通常比焊条电弧焊高 1 ~ 4 倍。

③ 焊接变形小。由于电弧热量集中，加热面积小，焊速快，CO_2 气流具有较强的冷却作用，因此，焊接热影响区和焊件变形较小，特别适宜于焊接薄板。

④ 抗锈能力强。CO_2 气体保护焊在高温时具有强烈的氧化性，同时，由于采用了高锰高硅型焊丝，使焊缝金属的还原作用大为增加，其对铁锈的敏感性大为降低。因此，焊缝不易产生气孔、含氢量很少，其强度和冲击韧度都较高。

⑥ 操作性能好。由于是明弧焊，可以看清电弧和熔池情况，能随时发现问题而加以调整。同时，CO_2 气体保护半自动焊具有焊条电弧焊的灵活性，特别适宜于全位置焊接。CO_2 气体保护焊还易于实现机械化和自动化。

（2）CO_2 气体保护焊的缺点。

规范不正确时，金属飞溅较多，焊缝表面成型较差；不能使用交流电焊接，焊接辅助设备较多；不能焊接易氧化的金属材料；不能在有风的地方施焊，否则容易出现气孔。

（3）CO_2 气体保护焊应用范围。

CO_2 气体保护焊经过多年的不断摸索、改进，在应用中积累了大量经验，目前已成为较成熟的电弧焊方法。

① 焊件几何要素。适合焊接薄板、中板和厚板，并且可以进行全位置焊接。

② 应用行业领域。已普遍应用于造船、汽车、机车车辆、集装箱、矿山工程机械、电站设备、石油化工、建筑以及金属结构制造等行业。

③ 被焊材料类型。通常焊接碳钢和低合金钢，改变条件还可以焊接不锈钢和耐热钢，甚至还可以用来焊补铸铁等焊接性较差的金属材料。

④ 焊接功能和用途。既用于构件或结构焊接，还可用于金属表面堆焊，以及用于磨损件和铸钢件缺陷的修复。

任务实施

1. 基本姿势

合理的焊接姿势可以减轻劳动强度。进行 CO_2 气体保护半自动焊时，不需要像焊条电弧焊焊工那样手臂悬空握住焊把进行工作，如图 5-1-1 所示为 CO_2 气体保护半自动焊几种焊接位置的基本姿势。图 5-1-1（a）为焊工站着平焊，将手臂靠在身体的一侧；图 5-1-1（b）为工件在回转工作台上，焊工坐着焊接，焊工可将肘搁在膝盖上；图 5-1-1（c）、（d）为焊工蹲着平焊，其手臂靠在脚的侧面；图 5-1-1（e）为焊工站着立焊，手臂靠近上身而不要把软管电缆背在肩上，因为软管电缆过度弯曲会影响焊丝的给送。可以将软管电缆悬在适当的地方，减小焊工手的吊举重量，减轻劳动强度。

（a）站着平焊　　（b）坐着平焊　　（c）蹲着平焊　　（d）蹲着平焊　　（e）站着立焊

图 5-1-1　几种焊接位置的基本操作姿势

2. 运弧方法

CO_2 气体保护焊焊丝是自动送进的，因此，操作人员用不着像焊条电弧焊那样有一个向电弧区不断送丝的动作，但仍须握着焊枪沿焊接方向按一定的规律移动，这样才能形成焊缝。

（1）焊枪的横向摆动形式。

由于使用较细的焊丝，焊接时焊件接收的热量比焊条电弧焊小，因此，焊件熔化的范围较小，如焊枪不做横向摆动，焊缝势必狭窄。因此，CO_2 气体保护焊时横向摆动是十分必要的，其目的是：可以获得需要的焊缝宽度；确保焊缝周边熔合良好；拼缝间隙偏大时不至于焊穿；空间作业时（如横焊、立焊）可以避免熔融金属跌落。

焊枪按某种形式做横向摆动，焊丝就形成了特定的运弧轨迹，结果形成具有明显外形的焊缝。根据工件板厚、接头形式以及空间位置的不同，焊丝的运弧轨迹有直线形、锯齿形、月牙形、三角形、人字形等，如图 5-1-2 所示。

（2）焊枪倾角大小与方向。

焊枪上喷嘴尺寸较大，操作人员为了得到良好的操作视角以及对熔池的控制，焊枪与工件间应形成一定的倾角。此外，为了减少飞溅，获得足够的熔深和美观的焊缝成型，不同的运弧方法和空间位置其倾角的方向及大小也有所不同。

（a）锯齿形摆动　　　　　　　　（b）月牙形摆动

（c）正三角形摆动　　　　　　　（d）斜圆圈形摆动

图 5-1-2　CO_2 气体保护半自动焊焊枪的各种摆动方式

（3）左焊法和右焊法。

① 左焊法。左焊法是指焊接电弧从接头右端向左端移动的操作方法。CO_2 气体保护焊经常采用这种焊法，其特点是容易看清熔池和前方情况，并根据观察的情况及时调整运弧方法。由于熔化金属被吹向前方，使电弧不能直接作用在母材上，所以熔深较浅。

操作时焊枪后倾 10°～15°，喷嘴指向前方，抗风能力强，保护效果好，焊缝宽度增大，余高略小，特别适宜于要求快速焊接的场合。

② 右焊法。与左焊法相反，焊接电弧由左端向右移动，并且指向已焊部位。操作时不易观察焊接方向的情况，由于熔池金属被吹向后方，故电弧可直接作用于母材上，其结果使焊缝的熔深增加，但焊宽减小，余高增大，成型显得"粗糙"。焊枪前倾 10°～15°，飞溅较少，但抗风能力较弱，保护效果较差，不适宜于快速焊接。

3. 收　弧

收弧时，应注意将收尾处的弧坑填满。一般说来，采用细丝 CO_2 气体保护焊短路过渡焊接，其电弧长度短，弧坑较小，不需做专门的处理，只要按焊机的操作程序收弧即可。若采用粗丝大电流焊接并使用长弧，由于电弧电流及电弧吹力都较大，收弧过快会产生弧坑缺陷。所以，在收弧时应在弧坑处稍停留片刻，然后缓慢抬起焊枪，并在熔池凝固前继续送气。焊道接头前，先将待焊接头处用角向磨光机打磨成斜面，然后在斜面顶部引弧，引燃电弧后，将电弧移至斜面底部，转一圈返回引弧处后再继续焊接。

4. 操作注意问题

（1）CO_2 气体保护焊时，引弧和熄弧无须移动焊枪，操作时应避免焊条电弧焊时的习惯动作。

（2）CO_2 气体保护焊熄弧时，注意在电弧熄灭后不可立即移开焊枪，以保证滞后停气对熔池的保护。

(3) CO_2 气体保护焊由于电流密度大，弧光辐射严重，必须严格穿戴好防护用品。

任务评价

本任务是完成 CO_2 气体保护焊的参观、学习，熟悉焊接设备，完成焊接工艺参数设定，并熟悉焊机的组成，对装配方法进行考评。

思考与练习

（1）气体保护焊的原理是什么？
（2）气体保护焊的运条方法有哪几种？

知识拓展

一、安全文明生产要求

CO_2 气体保护焊与焊条电弧焊相比，在安全技术方面具有以下几个特点：CO_2 气体保护焊具有较高的电流密度，因而弧光辐射强烈。CO_2 气体保护焊的工作场所，不仅存在较多的 CO_2，同时还产生 CO_2，其浓度较高；CO_2 气体保护焊的飞溅较多；CO_2 气体保护焊操作时，操作人员要移动送丝机和软管电缆等，且进行连续工作，所以劳动强度较高。另外，焊接电流及控制系统都是和电联系的。因此，更应重视 CO_2 气体保护焊的安全技术，保障操作人员安全生产。

1. 预防触电

（1）CO_2 气体保护焊机的机壳必须接地良好，接地线必须使用截面积 14 mm^2 以上的导线。
（2）焊接设备的安装及修理由电工负责，焊机在使用中如发生故障，焊工应立即切断电源，然后通知电工检查修理。
（3）穿戴好绝缘良好的皮手套、绝缘鞋、工作服等个体防护用具。
（4）注意身上和工作服尽可能不要被汗水或雨水弄湿，工作服潮湿时，身体不要靠在钢板上，避免意外触电。
（5）焊接工作结束，在离开施工现场前，必须切断焊机的电源开关。

2. 预防气体中毒

（1）经常检查 CO_2 气体管路的接头有否漏气，如有泄漏应及时修理。
（2）CO_2 气体保护焊场所应有良好的通风，在狭小场所内进行焊接时，必须配置抽风机，更换焊接场所内的空气。

（3）对通风不良且没有安装通风装置的场所，焊接时可使用带有吸烟尘的焊枪。

（4）CO_2 气体保护焊焊工使用的面罩应有良好的隔离性能，防止 CO_2 气体直接穿过面罩，进入面罩内部。

3. 液化气瓶的安全使用

（1）CO_2 液化气瓶必须竖立放置，不得横卧，以防止液态 CO_2 流出。

（2）CO_2 液化气瓶应放置在通风良好的地方，并防止日光暴晒和雨淋。

（3）CO_2 液化气瓶不得靠近热源，必须设置在 40 ℃ 以下的场所。

（4）减压流量调节器和 CO_2 液化气瓶连接应良好，防止 CO_2 气体泄漏。

（5）使用 CO_2 时，应经常注意预热器的工作情况，防止因预热器故障而使减压流量调节器急冷，造成冻结，堵塞气体通路。

任务 2　T形接头 CO_2 气体保护焊

【技能点】

☆ 掌握 CO2 焊的操作技能；
☆ 掌握 T 形接头的操作技能；
☆ T 形接头的定位焊。

【知识点】

☆ 焊接接头形式和焊缝形式；
☆ 焊接工艺参数。

任务提出

（1）熟悉 CO_2 气体保护焊设备；
（2）掌握 CO_2 气体保护焊设备连接；
（3）掌握 T 形接头 CO_2 气体保护焊操作方法。

相关知识

一、CO_2 气体保护焊设备

1. CO_2 气体保护焊设备组成

CO_2 气体保护焊设备又称 CO_2 气体保护焊机，由焊接电源及控制箱、焊枪及送丝系统和 CO_2 的供给装置等部分组成，如图 5-2-1 所示。

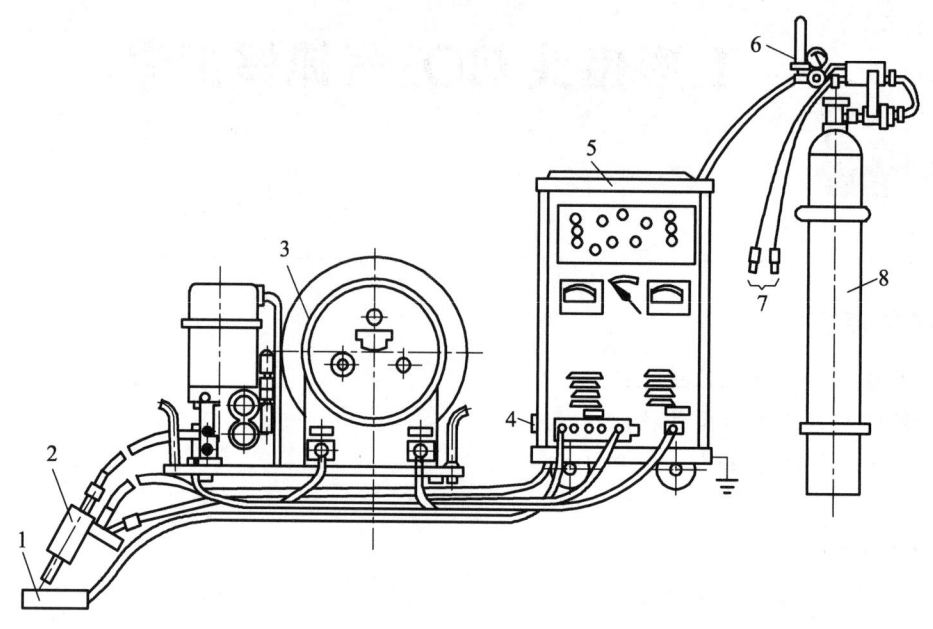

1—焊件；2—焊枪；3—送丝系统；4—电源连线；5—电源控制箱；
6—减压流量调节器；7—电源电缆；8—CO_2气瓶。

图 5-2-1　CO_2 气体保护焊设备组成

（1）焊接电源。

CO_2 气体保护焊由于电流密度大，且气体对电弧具有冷却作用，所以电弧静特性曲线是上升的，这就要求焊接电源外特性曲线应为平的或略为下降的。

目前，普遍使用的硅弧焊整流器和晶闸管弧焊整流器电源均能获得平硬的外特性。新型的逆变式焊机体积小、质量轻，具有良好的动特性，例如 NBC-350 型逆变式焊机。

（2）送丝系统。

CO_2 气体保护半自动焊的送丝方式有推丝式、拉丝式和推-拉式三种，如图 5-2-2 所示。

① 推丝式。焊丝盘及送丝机构与焊枪分离，因此，焊枪结构简单、质量轻，但焊丝的定向需要通过软管来控制，故软管不能太长或扭曲，否则焊丝不能顺利送出。所采用的焊丝直径宜在 0.8 mm 以上，以便能由软管顺利送出。推丝式焊枪的操作范围在 2～4 m。

② 拉丝式。焊丝盘、送丝机构都装于焊枪上，因此，焊枪结构复杂、质量大，只适宜采用细焊丝（直径 0.5～1 mm），操作的活动范围在十几米。

③ 推-拉式。具有前两种送丝机构的优点，并克服了它们的缺点，可以在离焊接电源 10 m 以外的工作场地进行焊接，但是结构复杂。

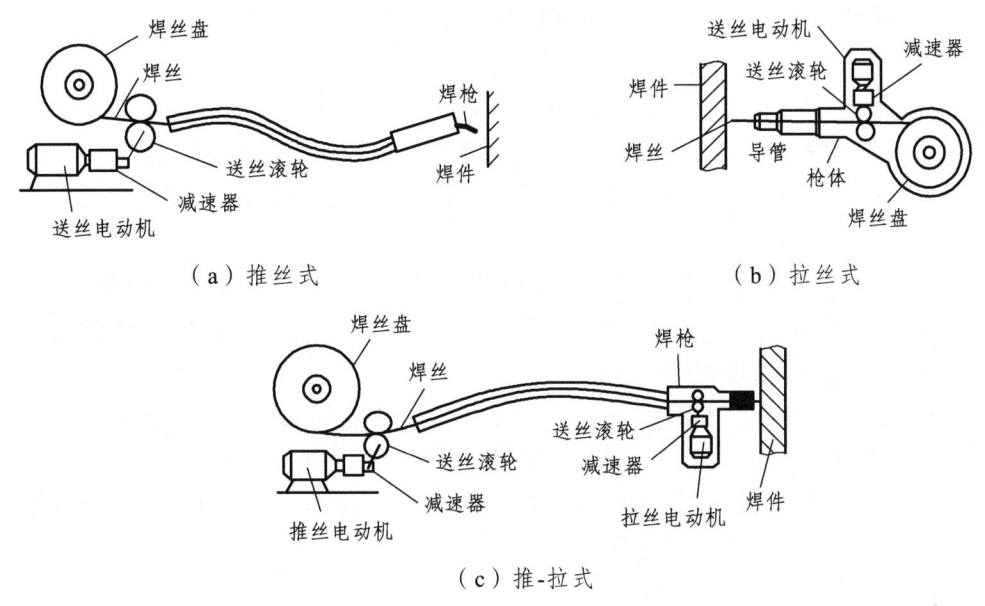

图 5-2-2 送丝系统

（3）焊枪。

焊枪的主要作用是导电、送丝和输送保护气体。可分为自冷式和水冷式两种，电流大于 350 A 时用水冷式焊枪。

（4）供气系统。

供气系统的作用是将钢瓶中的高压 CO_2 液体处理成合乎质量要求的、具有一定流量的 CO_2 气体，并使之均匀畅通地从焊枪喷嘴喷出。供气系统通常由钢瓶、预热器、减压阀、干燥器和流量计等组成。

（5）控制系统。

控制系统主要完成送丝系统、供气系统、供电系统以及焊接操作程序等的控制要求。

2. NBC 系列 CO_2 气体保护焊机

NBC-500、350、250 系列逆变式 CO_2 气体保护焊机是用于 CO_2 气体保护焊的高效率、通用、半自动电焊机，它可使用直径为 0.8～1.6 mm 的实心及药芯焊丝，焊接低碳钢、低合金钢构件。该系列逆变焊机具有合理的静、外特性及良好的动态性能，其电弧自调节能力强、焊接过程稳定。

3. 焊　枪

推丝式焊枪按其结构形式可分为手枪式焊枪和鹅颈式焊枪。手枪式焊枪结构紧凑，送丝阻力小，但焊枪重心不在手握部分，操作时不太灵活，应用得较少。鹅颈式焊枪送丝阻力稍大，但结构简单，操作时比较方便灵活。目前，国内大多数使用的是鹅颈式焊枪,其结构包括焊枪头、焊枪本体及软管电缆。

(1)焊枪头。

焊枪头由导电嘴、喷嘴、分流环及绝缘套组成。

① 导电嘴。导电嘴是影响焊接质量的重要零件,它的作用是直接向焊丝传导焊接电流。导电嘴的内孔和焊丝接触而导电给焊丝,孔径的大小影响着导电性和送丝的稳定性。

② 喷嘴。它是一只直通的管子,内径通常为 19 mm,对喷嘴要求是喷出的 CO_2 气体能形成稳定的层流。喷嘴要保证熔池受到射出的 CO_2 气体的保护。喷嘴通常用铜管镀铬制成,也有用陶瓷制成的。

③ 分流环。分流环是用陶瓷材料制成的,它起着合理分配保护气体的作用,防止气体产生紊流现象。同时,它还能隔离喷嘴和导电嘴,防止出现短路现象。

⑤ 绝缘套。喷嘴要固定在焊枪上,但又不能导电,为此,焊枪头上设置一绝缘套,绝缘套一端能导电,另一端是绝缘的。

(2)焊枪本体。

焊枪本体的主要作用是将软管电缆中的气体、焊接电流、焊丝传送到焊枪头。鹅颈管的一端和焊接电缆接通,另一端和导电嘴接通,这样,焊接电流通过鹅颈管传导到导电嘴上。焊丝在弹簧软管内是不和焊接电缆相通的,以防止通电部分太长、焊丝预热作用过强而造成焊丝过热现象。鹅颈管本体传导焊接电流,管内输送焊丝和气体,再通过导电嘴输出通电的焊丝,CO_2 气体经过分流环面输出。鹅颈管外层涂有耐高温的绝缘塑料,防止鹅颈管和焊件短路。

4. 减压流量调节器、电磁气阀等

CO_2 气体保护焊接供气系统由 CO_2 瓶、减压流量调节器(包括预热器)、电磁气阀及气管等组成。

减压流量调节器由减压阀、预热器、流量调节器及流量计组成。它将高压的 CO_2 气体转成低压气体输出,送到电磁气阀。

减压阀是利用气体膨胀降压的原理,将高压气体降压为 0.2 MPa 的低压气体。当 CO_2 液化气瓶内压力降低为 1.0 MPa 时,应停止使用,以免产生气孔。减压阀上只有一只压力表,它指示的是瓶内高压气体的压力。

预热器提供高压 CO_2 气体膨胀降压所需要吸收的热量,以防止 CO_2 气体中的水冻结而造成气路堵塞。预热器就是一个电热丝加热器,使用时要接上合适的电源,其插座在焊机箱柜的后侧。

电磁气阀的作用是控制气体的输出。当电磁线圈通电时,电磁铁动作,打开气阀,就有 CO_2 气体输出。电磁线圈切断电流时,CO_2 气体停止输送。电磁气阀安装在送丝机的底板上。阀的动作由焊枪上的按钮开关控制或焊机箱柜面板上的查气开关控制。

> 任务实施

一、焊前准备

1. 焊接材料

（1）焊件：Q235 钢板，长×宽×厚为 300 mm×100 mm×10 mm 和长×宽×厚为 300 mm×50 mm×10 mm 各一块，可将其两块组对一组焊件。要求焊脚尺寸为 8 mm。

（2）焊丝：H08Mn2SiA，直径为 1.2 mm。

2. 焊接设备

焊机：NBC-400 型 CO_2 气体保护半自动焊机。

3. CO_2 气体

CO_2 气瓶：纯度不小于 99.5%。

4. 装配与定位

焊前对焊件进行清理。保证立板与水平板垂直，在焊件两端对称进行定位焊，定位焊缝长度为 10～15 mm。

二、操作步骤与要领

（1）T 形接头焊件与焊丝水平板的夹角为 40～50°，如图 5-2-3（a）所示。当焊脚尺寸在 5 mm 以下时，将焊丝指向夹角处，如图 5-2-4 中 A 的方式。当焊脚尺寸大于 5 mm 时，要使焊丝在距夹角线 1～2 mm 处进行焊接，这样可获得等焊脚的角焊缝，5-2-4 中 B 的方式，否则易使立板产生咬边和平板焊缝下坠。控制焊枪前倾角为 10°～25°，如图 5-2-5 所示。

（2）中厚板角焊件焊丝的倾角应使电弧偏向厚板侧，焊丝与水平板的夹角比等厚度焊件大些，如图 5-2-3（b）所示，尽量使两板受热均衡。

（3）角焊时，根据焊件厚度不同来选择相应的焊脚尺寸，而针对不同的焊脚尺寸要选择相应的焊接层次和运丝方法。

焊脚尺寸小于 8 mm 时，可采用单层焊，采用直线运丝法或斜圆圈形摆动法，并以左向焊法进行焊接。

焊脚尺寸大于 8 mm 时，应采用多层焊或多层多道焊。多层焊的第一层操作与单层焊类似，焊丝距焊件夹角线 1～2 mm，采用左向焊法，运用直线运丝法得到 6 mm 的焊脚。第二层盖面焊缝，焊接电流调小些，运用斜圆圈形摆动进行焊接。

多层多道焊在操作时，每层的焊脚尺寸应限制在 6～7 cm，以防止出现焊脚过大、熔敷金属下坠而立板咬边的缺陷。并保持每条焊道在各层中从头至尾宽窄一致，重叠量适宜，均匀平整，其起始端与收尾端的操作要领与对接平焊相同。

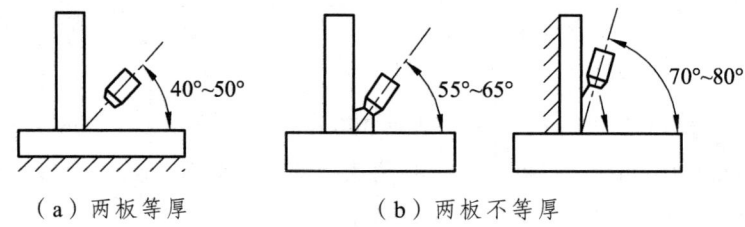

图 5-2-3　横角焊时焊丝角度

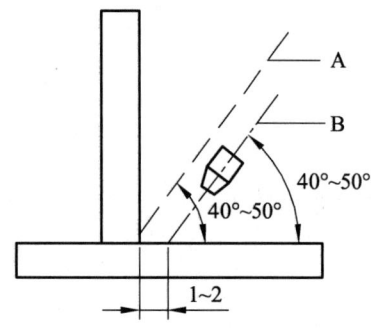

图 5-2-4　横角焊时的焊丝位置

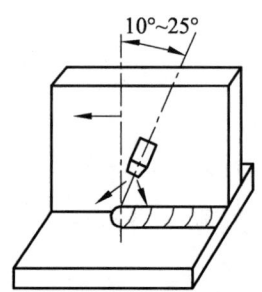

图 5-2-5　横角焊时的焊枪倾角

三、焊后检验

CO_2 气体保护焊焊缝的内部质量检验标准同焊条电弧焊，两者之间不存在区别。质量检验前要将焊件表面的焊渣及飞溅物清理干净，焊缝不允许修磨和补焊，应保持原始状态。

1. 外观检验

焊缝正、背面不得有气孔、夹渣、焊瘤、未熔合等缺陷，未焊透长度小于焊缝总长的 20%，且深度不超过 1.5 mm。

2. 无损探伤

执行《金属熔化焊焊接接头射线照相》（GB/T 3323—2005）标准，Ⅰ级以上为合格。

3. 力学性能检验

参照低合金钢焊条电弧焊力学性能检验合格标准。

> 任务评价

评分标准见表 5-2-1。

表 5-2-1　T 形接头 CO_2 气体保护焊

序号	考核项目	考核内容及要求	配分	评分标准	检测结果		得分
					自测	教师检测	
1	参数选择	选择正确	15	酌情扣分			
2	焊脚尺寸	$K1$、$K2$ 应符合要求	15	每超差一处加 5 分			
3	焊缝宽度差/mm	≤2 mm	5	每超差一处加 5 分			
4	焊缝凸度/mm	0～3 mm	10	每超差一处加 5 分			
5	焊缝凸度差/mm	≤2 mm	5	每超差一处加 5 分			
6	咬边	无	10	出现一处扣 5 分			
7	夹渣	无	10	出现一处扣 5 分			
8	下垂	无	10	出现一处扣 5 分			
9	焊件垂直度变形/(°)	≤2°	5	超差不得分			
10	焊缝成形	波纹均匀、美观	15	酌情扣分			

> 思考与练习

（1）气体保护焊设备的组成？
（2）气体保护焊焊枪有哪几种？
（3）焊枪由哪几部分组成？

> 知识拓展

常见的缺陷及其产生原因和消除方法见表 5-2-2。

表 5-2-2　常见的缺陷及其产生原因及消除方法

缺陷种类	产生原因	消除方法
气孔	（1）无气体送出或流量不足； （2）风速过大，保护气体被破坏； （3）气体中水分超差； （4）喷嘴被飞溅堵塞； （5）接缝处有水分、油污及铁锈等； （6）喷嘴距离工件过高	（1）检查供气系统，使供气正常； （2）风速大于 2 m/s 时，使用防风设施； （3）严格控制气体的含水量； （4）清理喷嘴飞溅； （5）焊前必须清洁坡口； （6）根据焊接规范，选择合适的距离
熔合不良，夹渣	（1）电弧电压过小； （2）焊接速度过快，两边停留时间不够； （3）焊渣未清除干净； （4）操作不当，如焊枪的角度、运动方式不当等	（1）提高电弧电压； （2）调整焊接速度，增加两边的停留时间； （3）必须将焊渣清除干净； （4）按规定要求操作
咬边	（1）燃弧点位置不对； （2）焊接速度过快； （3）电弧电压过高	（1）调整燃弧点位置； （2）降低焊接速度； （3）选用合适的电弧电压
弧坑裂纹	（1）弧坑未填满； （2）收弧时操作不当	（1）填满弧坑； （2）按正确方法收弧
反面焊缝成型过窄	（1）打底焊电流过小，电弧电压过低； （2）打底焊焊接速度过慢，燃弧点靠后； （3）坡口间隙过小	（1）选用合适的焊接电流和电弧电压； （2）相对提高焊接速度，燃弧点适当靠前； （3）按规定坡口间隙装配
反面焊缝过宽、过高	（1）打底焊电流过大； （2）燃弧点太靠前，两边停留时间过长； （3）采用右焊法时，焊枪倾角过大； （4）衬垫未贴紧； （5）坡口间隙过大	（1）减小焊接电流； （2）燃弧点稍靠后，减少停留时间； （3）减小焊枪倾角； （4）焊前必须贴紧衬垫； （5）按规定坡口间隙装配
反面焊缝有缩孔	收弧不当，使熔池金属变冷后形成缩孔	要正确收弧，并采用热接头方式焊接

任务 3　中厚板 V 形坡口立对接板焊

【技能点】

☆ 掌握 CO_2 焊的操作技能；
☆ 掌握单面焊双面成形的操作技能。
☆ 对接板的定位焊。

【知识点】

☆ 焊接接头形式和焊缝形式；
☆ 焊接工艺参数。

任务提出

（1）掌握立位板对接焊运丝方法。
（2）掌握中厚板 V 形坡口对接向上立焊操作。
立位板对接 CO_2 气体保护焊焊件如图 5-3-1 所示。

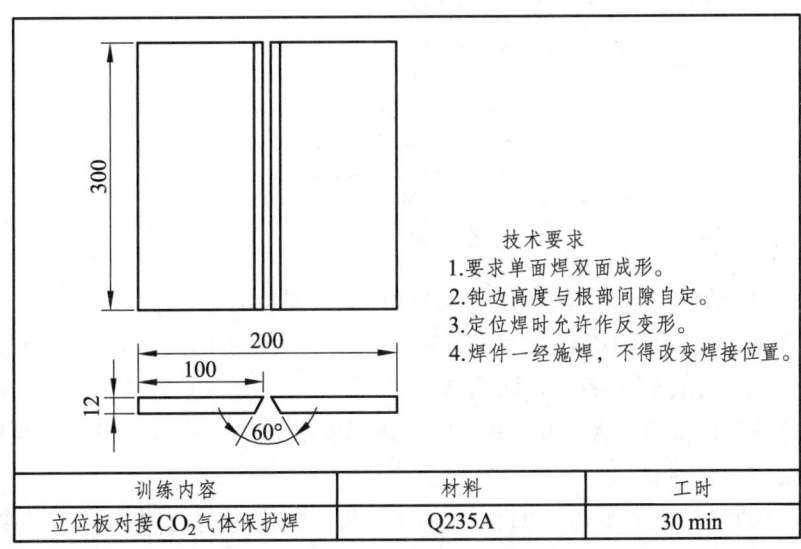

图 5-3-1　立位板对接 CO_2 气体保护焊焊件

相关知识

一、CO_2焊用气体与焊丝

1. CO_2气体

CO_2气体的用途是在焊接时有效地保护电弧和金属熔池区免受空气侵袭。由于CO_2气体具有氧化性,因此,焊接过程中产生氢气孔的可能性较小。工业上一般使用瓶装液态CO_2,既经济又方便。规定钢瓶主体喷成银白色,用黑漆标明"二氧化碳"字样。

采用瓶装液态CO_2供气时,为了减少瓶内水分与空气含量,提高输出CO_2气体的纯度,一般采取以下措施:

(1)鉴于在温度高于 $-11\ ℃$ 时,液态CO_2比水轻,将新灌气瓶倒置 1~2 h 后,打开阀门,可排出沉积在下面的自由状态的水。根据瓶中含水量的不同,每隔 30 min 左右放一次水,需放水 2~3 次,然后将气瓶放正。

(2)使用前,先打开瓶口阀门,放气 2~3 min,以排除装瓶时混入的空气和水分,然后再套接输气管。

(3)在气路中串接干燥器,进一步减少CO_2气体中的水分。

(4)气瓶中压力降到 1 MPa 时,停止用气。

2. 焊　丝

国产实心焊丝牌号是以字母"H"开头,后面以元素符号及数字来表示该元素的近似含量,如 H08Mn2SiA 焊丝(见图 5-3-2)。

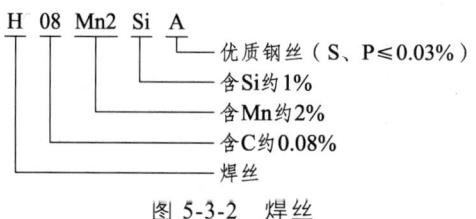

图 5-3-2　焊丝

① "H"之后的一位或两位数字,表示焊丝的平均含碳量。

② 数字后有化学元素符号及随后的数字,表示该元素的近似含量百分数。当某元素含量不足 1%,可省略数字,只标元素符号。

③ 焊丝牌号尾部有"A"或"E"时,分别表示为"优质品"或"高级优质品",表明 S、P 杂质含量更低。

实心焊丝的牌号表明了焊丝的化学成分,从而决定了它的用途。在焊接低碳钢和低合金钢时,为了防止产生气孔,减少飞溅,保证焊缝具有较高的力学性能,必须采用含有 Si、Mn 等脱氧元素的焊丝。

H08Mn2SiA 焊丝是目前 CO_2 电弧焊中应用最为广泛的一种,它有较好的工艺性能,较高的力学性能以及抗热裂纹能力,适宜焊接强度 $\sigma \leqslant 50 \times 9.8 \text{N/mm}^2$ 的低合金钢及焊后热处理强度 $\sigma \leqslant 120 \times 9.8 \text{N/mm}^2$ 的低合金高强度钢。对于强度等级要求高的钢种,应当采用焊丝成分中含有 Mo 的 H10MnSiMo 等焊丝,这类焊丝 Si、Mn 联合脱氧,具有很好的抗气孔能力。Si 和 Mn 元素也起合金化的作用,使焊缝金属具有较高的力学性能。

CO_2 电弧焊使用的焊丝直径有 0.5 mm、0.6 mm、0.8 mm、1.0 mm、1.2 mm、1.6 mm、2.0 mm、2.4 mm、2.5 mm、3.0 mm、4.0 mm、5.0 mm 等几种。焊丝表面有镀铜和不镀铜两种。镀铜的目的是防止焊丝生锈,有利于焊丝的存放和改善导电性。

任务实施

一、焊前准备

1. 焊接材料

(1)焊件:Q235 钢板,长×宽×厚为 300 mm×100 mm×12 mm。一侧加工成 30°坡口,两块组对成一组焊件。

(2)焊丝:H08Mn2SiA,直径为 1.2 mm。

2. 焊接设备

焊机:NBC-400 型 CO_2 气体保护半自动焊机。

3. CO_2 气体

CO_2 气瓶:纯度≥99.5%。

二、装配与定位

CO_2 气体保护焊对铁锈、油污等十分敏感,因此焊前必须对坡口周围 20 mm 范围内进行清理。在焊件两端进行定位焊,定位焊缝长度为 10~15 mm,将定位焊缝用角向砂轮打磨成斜坡状,并将坡口内的飞溅物清理干净。

三、焊 接

(1)打底焊。

采用左向焊法,焊前将焊件间隙小的一端放在右侧。

将焊丝端头置于焊件右端约 20 mm 处坡口内的一侧,与其保持 2~3 mm 的距离。按下焊枪扳机,气阀打开提前送气 1~2 s,焊接电源接通,焊丝送出,焊丝与焊件接触,同时引燃电弧。迅速右移至焊件右端头,然后向左开始焊接打底焊道。焊枪沿坡口两侧作小幅度月牙形横向摆动,当坡口根部熔孔直径达到 3~4 mm 时转入正常焊接。同时严格控制喷嘴高度,既不能遮挡操作视线,又要保证气体保护效果。

焊丝端部要始终在熔池前半部燃烧,不得脱离熔池(防止焊丝前移过大而通过间隙,出现穿丝现象),并控制电弧在坡口根部约 2~3 mm 处燃烧。电弧在焊道中心移动要快,摆动到坡口两侧要稍作 0.5~1 s 的停留。若坡口间隙较大,应在横向摆动的同时适当地前后移动作倒退式月牙形摆动,这样摆动可避免电弧直接对准间隙,以防止烧穿。

焊接过程中要仔细观察熔孔,并根据间隙和熔孔直径的变化调整横向摆动幅度和焊接速度,尽量维持熔孔的直径不变,以保证获得宽窄一致,高低均匀的背面焊缝。

打底层表面焊道表面平整两侧稍下凹,焊道厚度不超过 4 mm。

2. 填充焊

将打底层焊道表面清理干净。调试好填充层的焊接参数后,在焊件的右端开始施焊。

采用锯齿形摆动,焊枪的横向摆动幅度稍大于打底层,注意熔池两侧的熔化情况,控制焊道厚度,使焊道表面平整稍下凹,其高度应低于母材表面 1.5~2 mm,不允许熔化坡口棱边。

3. 盖面焊

将填充层焊道表面清理干净,焊接电流和电弧电压调整至合适的范围内。在焊件的右端开始施焊,保持喷嘴高度,焊丝伸出长度可稍大于打底焊时 1~2 mm。焊枪角度及焊枪摆动方法与填充层焊时相同,但焊枪摆动幅度应比填充焊时稍大。施焊时焊枪摆动要到位,在坡口两侧均匀缓慢,保证熔池两侧边缘超过坡口上表面 0.5~1.5 mm,使焊道表面平整且宽窄一致,避免产生咬边等缺陷。

收弧时,要填满弧坑并使弧坑尽量小,防止弧坑处产生缺陷。

四、焊后检验

CO_2 气体保护焊焊缝的内部质量检验标准同焊条电弧焊,两者之间不存在区别。质量检验前要将焊件表面的焊渣及飞溅物清理干净,焊缝不允许修磨和补焊,应保持原始状态。

1. 外观检验

焊缝正、背面不得有气孔、夹渣、焊瘤、未熔合等缺陷,未焊透长度小于焊缝总长的 20%,且深度不超过 1.5 mm。

2. 无损探伤

执行《金属熔化焊焊接接头射线照相》(GB/T 3323—2005)标准,Ⅰ级以上为合格。

3. 力学性能检验

参照低合金钢焊条电弧焊力学性能检验合格标准。

任务评价

评分标准见表 5-3-1。

表 5-3-1 中厚板 V 形坡口立对接板焊评分标准

序号	考核项目	考核内容及要求	配分	评分标准	检测结果 自测	检测结果 教师检测	得分
1	设计使用	操作正确	5	酌情扣分			
2	工艺参数调节	选择合理	5	酌情扣分			
3	焊缝宽度/mm	比坡口增宽 0.5～1.5	10	超差全扣			
4	焊缝宽度差/mm	≤1.5	8	超差全扣			
5	焊缝余高/mm	0～3	8	超差全扣			
6	焊缝余高差/mm	≤2	8	超差全扣			
7	角变形/(°)	≤3	8	超差全扣			
8	气孔	无	10	出现一处扣 5 分			
9	焊瘤	无	8	出现一处扣 4 分			
10	咬边	无	8	出现一处扣 4 分			
11	未焊透	无	10	出现一处扣 5 分			
12	焊缝外观皮形	波纹均匀、细腻	5	酌情扣分			

思考与练习

（1）CO_2 气体保护焊焊丝应怎么选择？

（2）坡口加工的方法有哪几种？

（3）CO_2 气体保护焊的工艺参数有哪些？

知识拓展

一、CO_2 气体保护焊坡口

在大电流的条件下，CO_2 气体保护焊可获得较大的熔透深度。焊条电弧焊焊接时，板厚在 6 mm 以上就要开坡口。CO_2 气体保护焊时，通常当板厚在 10 mm 以上才开坡口。焊条电弧焊的坡口，也可以用 CO_2 气体保护焊焊接，即用 CO_2 气体保护焊替代焊条电弧焊，可以不改变坡口形式和尺寸。

坡口尺寸的三要素是间隙、坡口角度及钝边。两板连接时设有间隙是为了保证焊透。留钝边是为了当间隙变化较大时避免烧穿。开坡口的目的有：使焊丝伸入坡口底部，保证根部焊透；厚板焊接时能改善焊缝成型（避免焊缝的余高过大）；获得适宜的熔合比。

1. 坡口形式

由于 CO_2 气体保护焊使用的电流密度大，因此，在焊接坡口角度较小、钝边较大的情况下也能焊透；由于焊枪喷嘴直径较焊条直径粗得多，因此，在焊厚板时，采用较大圆弧半径的 U 形坡口才能保证根部焊透。

2. 坡口加工方法

（1）手工加工。

在实际条件不具备时，可采用手工气割、角向磨光机或锉刀加工坡口。

（2）坡口机加工。

① 刨床加工。各种形式的直坡口都可采用边缘刨床或牛头刨床加工。

② 铣床加工。V 形、Y 形、X 形和 I 形坡口的长度不大时，在高速铣床上加工是比较好的。

③ 数控气割或半自动气割。可割出 V 形、I 形、Y 形和 X 形坡口，通常在培训时使用的单 V 形坡口试板都是用半自动气割割出来的，没有钝边，割好的试板用角向磨光机打磨一下就可以使用。

④ 车床加工。管子端面的坡口及管板上的孔，通常都在车床上加工。

二、焊接工艺参数选择

CO_2 气体保护焊的工艺参数主要有焊丝直径、焊接电流、电弧电压、电感、焊接速度、焊丝伸出长度、焊枪倾角及气体流量等。正确选用焊接工艺参数是保证焊接质量和提高生产效率的重要措施。

项目六

手工钨极氩弧焊

- 任务 1　手工钨极氩弧焊概述
- 任务 2　手工钨极氩弧焊平焊
- 任务 3　水平固定管手工钨极氩弧焊

任务 1 手工钨极氩弧焊概述

【技能点】

☆ 掌握氩弧焊的安全操作;
☆ 掌握氩弧焊的操作姿势;
☆ 掌握氩弧焊的工艺参数。

【知识点】

☆ 原理、分类、特点;
☆ 安全;
☆ 操作姿势;
☆ 运条方法焊接工艺参数。

任务提出

(1) 选择合适的焊接电流。
(2) 手工钨极氩弧焊的操作。

手工钨极氩弧焊训练如图 6-1-1 所示。

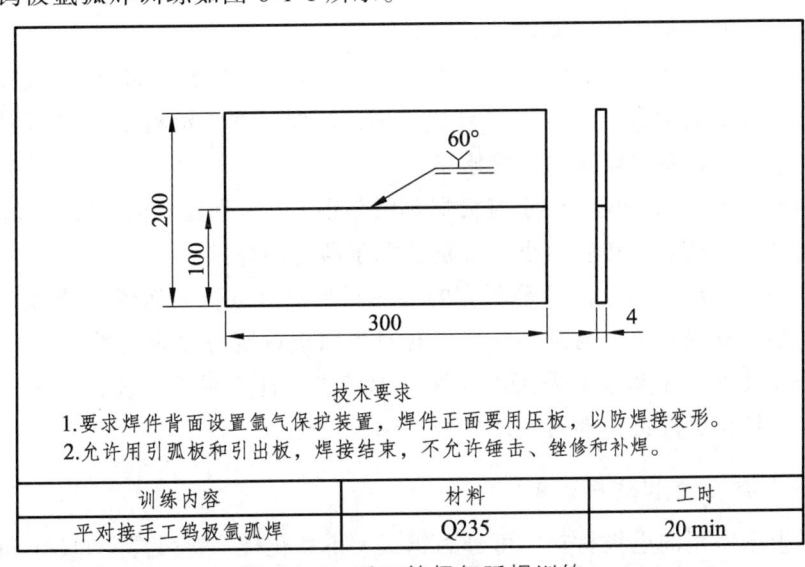

图 6-1-1 手工钨极氩弧焊训练

> 相关知识

一、钨极氩弧焊

1. 钨极氩弧焊的原理

钨极惰性气体保护焊是指在惰性气体的保护下，利用钨电极和工件间产生的电弧热熔化母材和填充焊丝（可以不用焊丝）的一种焊接方法。焊接过程中从焊枪喷嘴中喷出的氩气流，在焊接区形成厚而密的气体保护层而隔绝空气，同时，在电极（钨极或焊丝）与焊件之间燃烧产生的电弧热量使被焊处熔化，并填充焊丝将被焊金属连接在起，获得牢固的焊接接头。如图6-1-2所示。

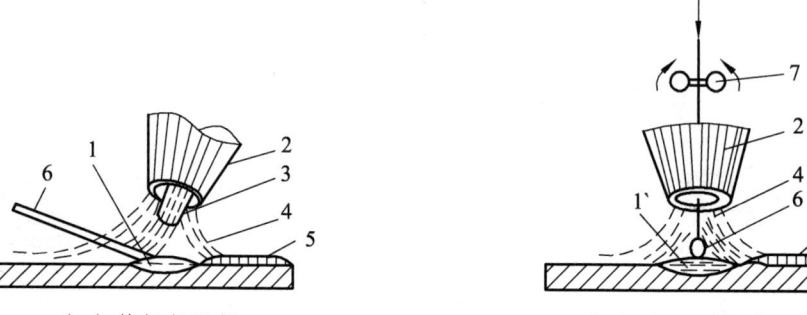

(a) 钨极氩弧焊　　　　　　　　(b) 熔化极氩弧焊
1—熔池；2—喷嘴；3—钨极；4—气体；5—焊缝；6—焊丝；7—送丝滚轮。

图6-1-2　氩弧焊示意图

2. 氩弧焊的特点

同其他焊接方法相比，氩弧焊具有以下特点：

（1）焊缝质量较高。由于氩气是惰性气体，可在空气与焊件间形成稳定的隔离层，保证高温下被焊金属中合金元素不会氧化烧损，同时氩气不溶解于液态金属，故能有效地保护熔池金属，获得较高的焊接质量。

（2）焊接变形与应力小。由于氩弧焊热量集中，电弧受氩气流的冷却和压缩作用，使热影响区窄，焊接变形和应力小，特别适宜于薄件的焊接。

（3）可焊的材料范围广。几乎所有的金属材料都可进行氩弧焊。通常，多用于焊接不锈钢、铝、铜等有色金属及其合金，有时还用于焊接构件的底焊。

（4）操作技术易于掌握。采用氩气保护无熔渣，且为明弧焊接，电弧、熔池可见性好，适合各种位置焊接，容易实现机械化和自动化。

3. 氩弧焊的分类和适用范围

氩弧焊根据所用的电极材料，可分为钨极（不熔化极）氩弧焊（TIG）和熔化极氩弧焊（MIG）；按其操作方式可分为手工、半自动和自动氩弧焊；若在氩弧焊电源中加入脉冲装置又分可为钨极脉冲氩弧焊和熔化极脉冲氩弧焊，如图 6-1-3 所示。

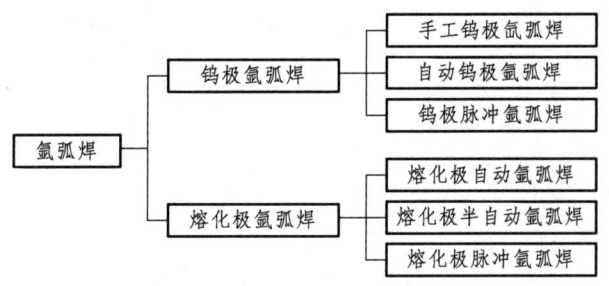

图 6-1-3　氩弧焊的分类

（1）钨极氩弧焊。

钨极氩弧焊是采用高熔点的钨棒作为电极，在氩气层流保护下，用钨极与焊件之间的电弧热量，来熔化填充焊丝和基体金属，以形成焊缝，钨极本身不熔化，只起发射电子产生电弧的作用。

为了防止钨极的熔化和烧损，对所用焊接电流要有所限制，这样焊缝的熔深受到影响，因此只能用于薄板焊接，故生产率不高。为此，在钨极氩弧焊的基础上，出现了熔化极氩弧焊的工艺方法。

（2）熔化极氩弧焊。

熔化极氩弧焊是以焊丝作为电极，在氩气层流的保护下，电弧在焊丝与焊件之间燃烧，并以一定的速度连续给送，不断熔化形成熔滴过渡到熔池中，最后形成焊缝。其操作方式有半自动和自动两种。半自动熔化极氩弧焊是手工操作焊枪，焊丝通过送丝机构经焊枪输出。自动熔化极氩弧焊则是由传动机构带动焊枪行走，送丝机构连续送丝。

熔化极氩弧焊用焊丝作为电极，可以使用大电流焊接，焊缝的熔深较大，适用于中厚板的焊接。熔化极氩弧焊是采用喷射过渡形式。熔化极氩弧焊时，当焊接电流增大到一定数值，粗滴过渡会转化为喷射过渡，这个转变发生时的焊接电流称为"临界电流"。气体保护焊时容易得多，主要原因是所需的临界电流值较低。喷射过渡具有焊接过渡过程稳定、飞溅小、熔深大及焊缝成形好等特点。

（3）脉冲氩弧焊。

脉冲氩弧焊是向焊接电弧供以脉冲电流进行氩弧焊的一种工艺方法，钨极脉冲氩弧焊和熔化极脉冲氩弧焊目前已在生产中得到较广泛的应用。

脉冲氩弧焊使用电流恒定的直流弧焊电源，加入脉冲发生装置后恒定的直流转变为脉冲直流。整个焊接电流由基值电流和脉冲电流两部分组成。基值电流用来维持电弧稳定燃烧和预热电极（或焊丝）与焊件；脉冲电流用来熔化金属，是焊接时的主要热源。

4. 钨极氩弧焊的电弧特性

（1）氩弧的特性。

① 引弧较困难。氩气气体电离所需能量较高，引燃电弧困难。

② 电弧燃烧稳定。氩弧一旦引燃能比较稳定地燃烧。

（2）"阴极破碎"作用。

钨极氩弧弧焊在焊接铝、镁及其合金时，在其表面形成熔点很高的氧化膜，采用直流反接可去除焊件表面的氧化膜，称之为"阴极破碎"。

（3）直流钨极氩弧焊。

焊接不锈钢、耐热钢、钛、铜及其合金时采用直流正接。直流电没有极性变化，而且焊件上产生的热量大，使钨极电流增大，电子发射能力增强，引弧后能稳定燃烧，且钨极不易熔化，损耗很小，焊件熔深较大，焊接效率明显提高。

（4）交流钨极氩弧焊。

焊接铝、镁及其合金时，使用交流钨极氩弧焊会产生较好的焊接效果。采用交流焊接电源时，必须采取引弧、稳弧及消除直流分量的措施。

氩气的电离电位较高，引弧困难，不宜采用提高空载电压的方法改善引弧条件。交流钨极氩弧焊一般使用高频振荡器协助引弧，还要使用脉冲稳弧器，以保证重复引燃电弧。一般采用在焊接回路中串联电容的方法消除交流电中的直流分量。

5. 焊接工艺参数

手工氩弧焊的主要工艺参数包括焊接电流、钨极直径、电弧电压、焊接速度、喷嘴与焊件间的距离、钨极伸出长度等。

（1）焊接电流和钨极直径。

当钨极直径大而焊接电流小时，钨极端部温度不够，电弧会在钨极端部漂移，变得不稳定。当焊接电流超过钨极相应直径的许用电流时，钨极端部会出现熔化现象，甚至产生夹钨缺陷。通常根据焊件的材质、厚度来选择焊接电流，再根据焊接电流的大小确定钨极直径。

（2）电弧电压。

电弧电压主要由电弧长度决定，电弧长度增加，容易产生未焊透等缺陷，并减弱氩气的保护效果。因此，在焊接时，应尽量控制电弧长度，一般使电弧长度近似等于钨极直径。

（3）焊接速度。

焊接速度过快会使氩气保护层遭到破坏，容易使焊缝产生未焊透和气孔等缺陷。焊接速度过慢时，焊缝容易出现烧边和咬边等缺陷。焊接速度通常由焊工根据熔池的大小和形状以及焊件熔合情况随时进行调节。

（4）喷嘴与焊件间的距离。

喷嘴与焊件间的距离过大时，气体保护效果变差；距离过小时，不利于观察熔化情况。喷嘴与焊件间的距离一般为 8～14 mm。

（5）钨极伸出长度。

钨极伸出过长时，气体保护效果变差；伸出过短时，不利于观察熔化情况。钨极伸出长度一般为 3～4 mm。

任务实施

（1）在课堂上学习氩弧焊的基础知识。
（2）观看动画或影片，了解氩弧焊原理及安全技术。
（3）抄写、背读安全技术知识，为以后的技能操作练习打下安全基础。
（4）参观工厂的焊接场地，熟悉焊工的个人防护用具。

任务评价

在学习焊工基础知识和参观焊接场地之后，进行安全技术知识的考试，成绩合格者方可进入后续实训环节。

思考与练习

（1）氩弧焊的原理、特点及使用范围有哪些？
（2）氩弧焊的工艺参数有哪些？

任务 2 手工钨极氩弧焊平焊

【技能点】

☆ 掌握氩弧焊的操作要领；
☆ 掌握氩弧焊的引弧；
☆ 掌握氩弧焊的送丝方法。

【知识点】

☆ 持焊枪的姿势；
☆ 平敷焊操作；
☆ 保证焊缝平直。

任务提出

（1）选择合适的焊接电流。
（2）钨极端部修磨形状。
（3）手工钨极平焊的操作。

相关知识

一、钨极氩弧焊的焊接材料

1. 氩 气

氩气是密度比空气大的惰性气体，可作为理想的保护气体，一般通过将空气液化后采用分馏法制取，属于制氧过程中的副产品。氩弧焊对氩气纯度的要求很高，一般要求纯度达到 99.9%。氩气瓶外表涂成灰色，并注有"氩气"字样，容量为 40 L，在 20°C 时满瓶压力为 14.7 MPa。

2. 钨极材料

氩弧焊对电极的要求为：耐高温、电流容量大、施焊损耗小，具有很强的电子发射能力，从而保证引弧容易、电弧稳定。钨极熔点达到 3 410 ℃，适合作为不熔化极。常见的钨极材料有纯钨极、钍钨极、铈钨极等。

纯钨极：要求焊机空载电压较高，使用交流电时，承载电流能力较差，故很少采用。其常见牌号有 W1，W2 等，纯度在 99.85% 以上。

钍钨极：在纯钨中加入 1%～2% 的氧化钍，可提高电子发射率，增大许用电流范围，降低空载电压，改善引弧和稳弧性能，但具有微量放射性。其常见牌号为 WTh-10，WTh-15 等。

铈钨极：在纯钨中加入 2% 的氧化铈，更容易引弧，烧损率降低 5%～50%，使用寿命更长，放射性极低，是目前最理想的电极材料。其常见牌号为 WCe-20。钨极规格：长度 76～610 mm，直径有 ϕ0.5 mm，ϕ1.0 mm，ϕ1.6 mm，ϕ2.5 mm 等。

钨极端部质量对焊接电弧稳定性及焊缝成形有很大的影响，因此使用前应对钨极端部进行磨削。使用交流电时，端部成球形；使用直流正接时端部成圆台形；小电流施焊时端部成圆锥形。

任务实施

1. 钨极氩弧平敷焊操作要领

（1）持枪姿势和焊枪、焊件与焊丝的相对位置。

平焊时持枪的姿势如图 6-2-1（a），一般焊枪与焊件表面成 70°～80° 的夹角，焊丝与焊件表面为 15°～20°，如图 6-2-1（b）所示。

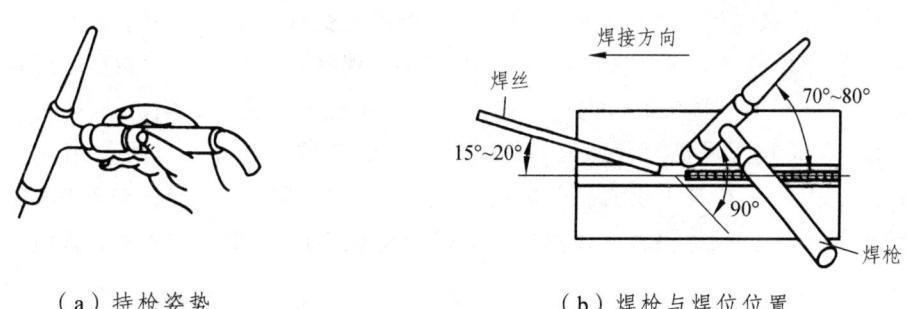

（a）持枪姿势　　　　　　　　　（b）焊枪与焊位位置

图 6-2-1　持枪姿势和焊枪、焊件与焊丝的相对位置

（2）右焊法与左焊法。

右焊法是指焊枪从左向右移动，电弧指向已焊部分的焊接方法，有利于氩气保护焊缝表面不受高温氧化，适用于厚件的焊接。左焊法是指焊枪从右向左移动，电弧指向未焊部分的焊接方法，可以起预热作用，易于观察和控制熔池温度，焊缝形成好，

操作容易掌握，适用于薄件的焊接。因此，氩弧焊一般均采用左焊法。

（3）焊丝送进方法。

送丝方法有 2 种。第一种，以左手的拇指、食指捏住焊丝，并用中指和虎口配合托住焊丝便于操作的部位如图 6-2-2（a）所示。需要送丝时，将捏住焊丝的弯曲拇指和食指伸直如图 6-2-2（b）所示，即将焊丝稳稳地送入焊接区，然后借助中指和虎口托住焊丝，迅速弯曲拇指、食指，向上倒换捏住焊丝，如此反复地填充焊丝。

第二种方法如图 6-2-2（c）所示，手指夹持焊丝，用左手拇指、食指、中指配合送丝，无名指和小手指夹住焊丝以送丝控制方向，靠手臂和手腕的上、下反复动作，将焊丝端部的熔滴送入熔池。全位置焊时多用此法。

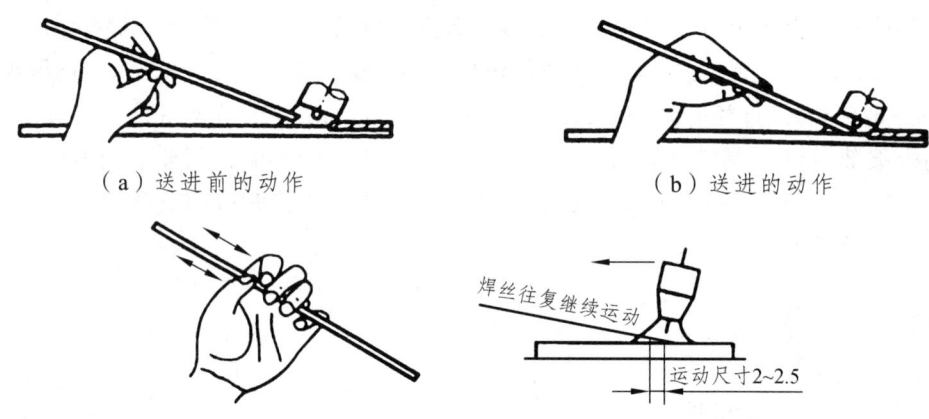

（a）送进前的动作　　　　　　　（b）送进的动作

（c）点滴送丝法

图 6-2-2　焊丝送进的动作

（4）引弧。

① 钨极氩弧焊机引弧。通常情况下，钨极氩弧焊机本身具有引弧装置（高压脉冲发生器或高频振荡器），钨极与焊件并不接触，保持一定距离，就能在施焊点上直接引燃电弧，可使钨极端头保持完整，钨损耗小，不会产生夹钨缺陷。

② 普通氩弧焊机。普通氩弧焊机没有引弧装置。操作时，可使用纯铜板或石墨板作为引弧板，在其上引弧，使始焊端受热到一定温度，立即移动到焊接部位引弧。这种接触引弧会产生很大的短路电流，很容易烧坏电极端头，因此不适用于钨极氩弧焊机。

（5）收弧。

收弧方法不正确时，容易产生弧坑裂纹、气孔和烧穿等缺陷。操作时采取减电流的方法，即电流由大到小逐渐下降，完成收弧过程。

一讲般氩弧焊机都配有电流自动衰减装置，收弧时，通过断续送电来填满弧坑。若无电流衰减装置时，可采用手工操作收弧，其要领是逐渐减少焊件热量，可采用改变焊枪角度、稍拉长电弧、断续送电等方式。填满弧坑后，慢慢提起电弧直至熄弧，不要突然拉断电弧。

当熄弧后，氧气会自动延时几秒钟停气（因焊机具有提前送气和滞后停气的控制装置），以防止金属在高温下产生氧化。

（6）填充焊丝。

填充焊丝时，焊丝的端头切勿与钨极接触，否则焊丝会被钨极沾染，熔入熔池后形成夹钨。焊丝送入熔池的落点应在熔池的前缘上，焊丝被熔化后移出熔池，然后再将焊丝重复地送入熔池。但是，焊丝不能离开氩气保护区，以免灼热的焊丝端头被氧化，降低焊缝质量。如果中途停顿或焊丝用完再继续焊接时，要用电弧把起焊处的熔池金属重新熔化，形成新的熔池后再加焊丝，并与原焊道重叠 5 mm 左右。在重叠处要少添加焊丝，避免接头过高。

2. 钨极氩弧平对接焊操作要领

（1）打底焊。

板对接平位打底焊时，可采用左向焊法，故将试件装配间隙大端放在左侧。

在试件右端定位焊缝上引弧。引弧时采用较长的电弧（弧长约为 4~7 mm），坡口预热 4~5 s。当定位焊缝左端形成熔池并出现熔孔后开始送丝。焊丝送入要均匀，焊枪移动要平稳、速度一致。如果焊接速度和送丝速度过快，容易使焊缝下凹或烧穿。同时，要密切注意焊接熔池的变化，随时调节工艺参数，保证背面焊缝成形良好。当熔池增大、焊缝变宽并出现下凹时，说明熔池温度过高，应减小焊枪与焊件夹角，加快焊接速度；当熔池减小时，说明熔池温度过低，应增大焊枪与焊件夹角，减慢焊接速度。

当更换焊丝或暂停焊接时，需要接头。焊枪暂不抬起，按下电流衰减开关，左手迅速更换焊丝，将焊丝端头置于熔池边缘之后，启动正常焊接电流，继续进行焊接。若条件不允许，则应先使用衰减电流，停止送丝，等待熔池缩小且凝固后，再移开焊枪。进行接头时，采用始焊时相同的方法引弧，将电弧拉至接头处，压低电弧，直接击穿坡口根部，形成新的熔池后，再填丝焊接。

当焊至试件末端时，应减小焊枪与试件夹角，使热量集中在焊丝上，加大焊丝熔化量以填满弧坑。切断控制开关，焊接电流将逐渐减小，熔池也随着减小，将焊丝抽离电弧（但不离开氩气保护区）。停弧后，氩气延时约 10 s 关闭，从而防止熔池金属在高温下氧化。

（2）填充焊。

调节好填充层焊接工艺参数，其操作与打底层基本相同。焊接时焊枪可做月牙形横向摆动，其幅度不宜过大，在坡口两侧停留，保证坡口两侧熔合好，焊道均匀。从试件右端开始焊接，注意熔池两侧熔合情况，保证焊缝表面平整且稍下凹。填充层的焊道焊完后应比焊件表面低 1.0~1.5 mm，以免坡口边缘熔化导致盖面层产生咬边或焊偏现象，填充层焊完后需将焊道表面清理干净。

（3）盖面焊。

调节好焊接工艺参数，其操作与打底焊基本相同，但要加大焊枪的摆动幅度，保证熔池两侧超过坡口边缘 0.5～1 mm，并按焊缝余高决定填丝速度与焊接速度，尽可能保持焊缝速度均匀，熄弧时必须填满弧坑。

焊后关闭气路和电源，将焊枪连同输气管和控制电缆等盘好挂起，并清理操作现场。

> 任务评价

评分标准见表 6-2-1。

表 6-2-1　手工钨极氩弧焊平焊评分标准

序号	考核项目	考核内容及要求	配分	评分标准	检测结果		得分
					自测	教师检测	
1	焊机操纵	正确操纵焊机	10	不正确不得分			
2	工艺参数选择	参数选择合理	10	不合理不得分			
3	焊缝宽度/mm	≤1	10	超过标准不得分			
4	焊缝余高/mm	0～2	10	超过标准不得分			
5	错边量	无	10	超过标准不得分			
6	焊后角变形/(°)	≤3	5	超过标准不得分			
7	夹渣	无	10	出同一处扣5分			
8	气孔	无	5	出同一处扣2分			
9	未焊透	无	5	出同一处扣5分			
10	未熔合	无	5	出同一处扣5分			
11	咬边	无	5	出同一处扣4分			
12	凹陷	无	5	出同一处扣4分			
13	焊缝外观成形	波纹均匀、美观	10	根据实际情况酌情扣分			

> 思考与练习

（1）氩弧焊焊接材料怎么选用？

（2）氩弧焊平对接的操作步骤？
（3）氩弧焊焊接缺陷的种类？

> **知识拓展**

易出现的缺陷及预防措施见表 6-2-2。

表 6-2-2　易出现的缺陷及预防措施

缺陷名称	产生原因	防止措施
凹陷及烧穿	1. 对口间隙过大； 2. 焊接电流过大，电弧过长，焊接速度过慢	1. 根据板厚调整好对口间隙； 2. 焊接前，应通过试焊调整好焊接电流；焊接时，控制好电弧长度，并根据熔池温度调节焊接速度
夹钨	1. 接触引弧； 2. 钨电极熔化	1. 采用高频振荡器或高压脉冲发生器引弧； 2. 减小焊接电流或加大钨极直径，旋紧钨极夹头和减小钨极伸出长度； 3. 调换掉有裂纹或撕裂的钨电极
氩气保护效果差	氢、氮、空气、水汽等有害气体污染	1. 采用纯度为 99.99%（体积分数）的氩气； 2. 有足够的提前送气和滞后停气时间； 3. 正确连接气管和水管，不可混用； 4. 做好焊前清理工作； 5. 正确选择气体流量、喷嘴尺寸、电极伸出长度
电弧不稳	1. 焊件上有油污； 2. 接头坡口太窄； 3. 钨电极污染； 4. 钨电极直径过大； 5. 弧长过长	1. 做好焊前清理工作； 2. 加宽坡口，缩短弧长； 3. 去除污染部分； 4. 使用正确尺寸的钨电极及夹头； 5. 减小喷嘴至焊件距离

任务 3　水平固定管手工钨极氩弧焊

【技能点】

☆ 掌握水平固定管氩弧焊的操作要领；
☆ 掌握水平固定管氩弧焊步骤；
☆ 掌握氩弧焊的送丝方法。

【知识点】

☆ 管道的装配、定位；
☆ 焊接实施的过程；
☆ 保证焊缝成型均匀。

任务提出

（1）水平固定管道焊接操作方法。
（2）焊接设备装机过程。NSA-500-1 型手工钨极氩弧焊机外部接线如图 6-3-1 所示。

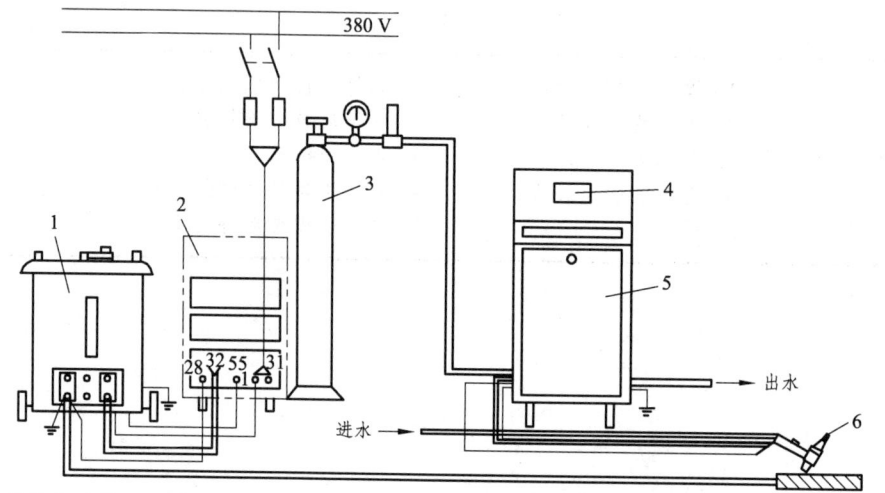

1—焊接变压器；2—控制箱（后面）；3—氩气瓶；4—电流表；5—控制箱（前面）；6—焊枪。

图 6-3-1　NSA-500-1 型手工钨极氩弧焊机外部接线

> **相关知识**

钨极氩弧焊一般用于厚度 6~8 mm 焊件的焊接,常见的焊机有 WS-400 型、TLG-300 型等。

手工钨极氩弧焊机主要由焊接电源、控制箱、焊枪、供气及冷却系统等组成。

1. 焊接电源

焊接电源采用具有陡降外特性的弧焊变压器,由于钨极氩弧焊的电静特性是水平的,采用具有陡降外特性的焊接电源,可以在电弧长度受到干扰时,使焊接电流变化减小,保持电弧稳定燃烧。

2. 控制箱

控制箱内装有脉冲引弧器,可以避免因高频电压而击穿线路中的元器件。

3. 焊枪

焊枪主要由枪体、钨极夹头、进气管、电缆、喷嘴和按钮开关等组成,用于传导焊接电流、夹持钨极、输送氩气。

4. 供气系统

供气系统为焊接提供稳定的氩气,主要由氩气瓶、氩气流量调节器及电磁气阀等组成。

5. 冷却系统

冷却系统的作用是冷却焊枪、钨极和焊接电缆。当焊接电流低于 150 A 时,可不使用冷却系统。

> **任务实施**

(1)装配与定位。氩弧焊焊接管子时,常采用对接接头;除I形对接接头外,坡口形式多为 V 形。壁厚不大于 2 mm 的管子不开坡口,不留间隙,一次焊完。坡口两侧周围及内外壁和焊丝要求清理干净,应用丙酮或汽油擦洗下,做到无油污,以免焊接时产生气孔、夹渣等缺陷。

(2)装配时,管子轴线中心对正,内、外壁要齐平,避免产生错位现象。定位焊只需 2 点,位于斜平焊位置,定位焊缝长度为 10 mm,高 1~2 mm,必须是熔透坡口双面成形的焊缝。将定位焊后的管子水平固定在距地面 800~850 mm 的高度,以满足全位置操作的要求。

(3)施焊时,分别在前半部和后半部 2 个半圈进行,从仰焊位置起焊,在平焊位置收弧。起焊点在管中心线后 5~10 mm，在平焊位置越过管中心线 5~10 mm 收尾。

（4）起焊时，用右手拇指、食指和中指捏住焊枪，以无名指和小指支撑在管子外壁上。将钨极端头对准待引弧的部位，让钨极端头逐渐接近母材，按动焊枪上的启动开关引燃电弧，并控制弧长 2~3 mm，对坡口根部起焊处两侧加热 2~3 s，获得一定大小熔池并往熔池中添加焊丝。送丝速度以焊丝所形成的熔滴与母材充分熔合，并得到熔透正反两面的焊缝为宜。

（5）焊接过程中，应注意观察、控制坡口两侧熔透状态，以保证管子内壁焊缝成形均匀。焊丝作往复运动，间断送入电弧内至熔池前方，成滴状加入。焊丝送进要均匀、有规律，焊枪移动要平稳，速度一致。运弧和送丝时要调整好焊枪、焊丝和焊件相互间的角度，该角度应随焊接位置的变化而变化，如图 6-3-2 所示。

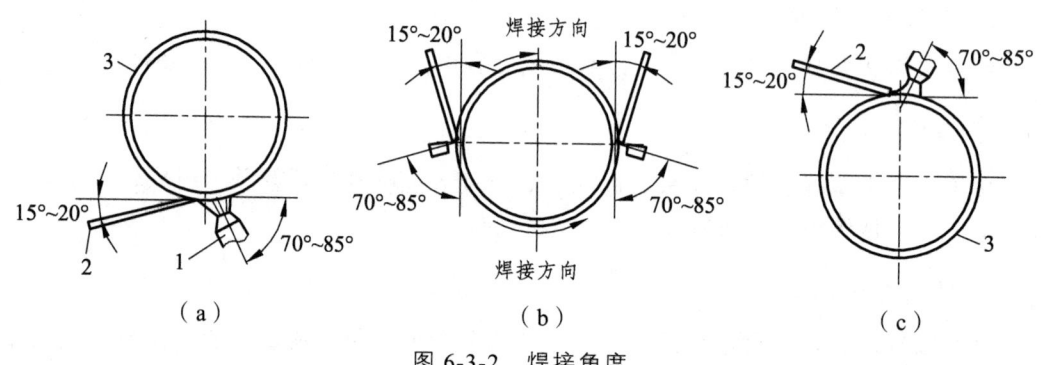

图 6-3-2　焊接角度

（6）前半部焊到平焊位置时，应减少填充金属量，使焊缝扁平些，以便后半部重叠平缓。灭弧前应连续送进 2~3 滴填充金属，填满弧坑以免出现缩孔，还应注意将氩弧移到坡口的一侧熄灭电弧。灭弧后修磨起弧处和灭弧处的焊缝金属使其成缓坡形，以便于后半部的接头。

（7）后半部的起焊位置应在前半部起焊位置向后 4~5 mm 处，引燃电弧。如图 6-3 3 所示。先不加焊丝，待接头处熔化形成熔池熔孔后，在熔池前沿添加焊丝，然后向前焊接。焊至平焊位置接头处，停止加焊丝，待原焊缝端部熔化后，再加焊丝焊接最后一个接头，填满弧坑后收弧。

打底层焊接结束后，进行盖面层的焊接。除焊枪横向摆动幅度稍大，焊接速度稍慢，焊接电流稍大些外，其余的操作方法同打底层焊接。

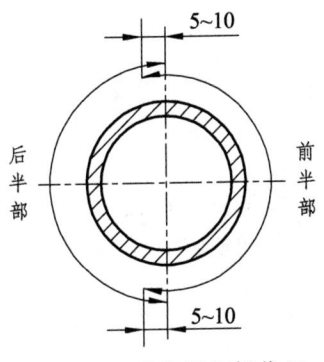

图 6-3-3 后半部起焊位置

任务评价

评分标准见表 6-3-1。

表 6-3-1 手工钨极氩弧焊平焊评分标准

序号	考核项目	考核内容及要求	配分	评分标准	检测结果 自测	检测结果 教师检测	得分
1	焊机操纵	正确操纵焊机	10	不正确不得分			
2	工艺参数选择	参数选择合理	10	不合理不得分			
3	焊缝宽度/mm	≤1	10	超过标准不得分			
4	焊缝余高/mm	0~2	10	超过标准不得分			
5	错边量	无	10	超过标准不得分			
6	焊后角变形/(°)	≤3	5	超过标准不得分			
7	夹渣	无	10	出同一处扣5分			
8	气孔	无	5	出同一处扣2分			
9	未焊透	无	5	出同一处扣5分			
10	未熔合	无	5	出同一处扣5分			
11	咬边	无	5	出同一处扣4分			
12	凹陷	无	5	出同一处扣4分			
13	焊缝外观成形	波纹均匀、美观	10	根据实际情况酌情扣分			

思考与练习

（1）氩弧焊焊接设备包括哪些？
（2）水平固定管氩弧焊的操作步骤是什么？
（3）水平固定管氩弧焊易出现的缺陷有哪些？

知识拓展

（1）打底焊时，应尽量采用短弧焊接，填丝量要少，焊枪尽可能不摆动。当焊件间隙较小时，可直接进行击穿焊接。

（2）填充焊丝时，不要把焊丝直接放在电弧下面，也不要将焊丝抬得过高。填充的速度要适当。速度过快时，焊缝余高大；速度过慢时，则焊缝下凹和咬边。

（3）当1根焊丝用完后，左手迅速更换焊丝（事先将焊丝放在指定位置），将焊丝端头置于熔池边缘后，启动焊枪开关继续焊接。如果条件不允许，则应先衰减电流，停止送丝，等待熔池缩小且凝固后，再移开焊枪。

（4）焊缝接头时，尽可能快速引弧，然后将电弧拉至收弧处，压低电弧，直接击穿坡口根部，形成新的熔池后，填入焊丝再进行焊接。

参考文献

[1] 王长忠. 焊工工艺与技能训练[M]. 2版. 北京：中国劳动社会出版社，2014.
[2] 邱葭菲. 焊工工艺学[M]. 4版. 北京：中国劳动社会出版社，2014.
[3] 葛国政. 金属材料焊接[M]. 北京：中国劳动社会出版社，2011.
[4] 徐彪. 焊工工艺与技能[M]. 北京：航空工业出版社，2016.

総目次